LAROUSSE

EN POCAS PALABRAS

LAS RECETAS
+ SENCILLAS DEL MUNDO

LAROUSSE

QUERIDO LECTOR

SABEMOS QUE EL AJETREADO ESTILO DE VIDA QUE LLEVAMOS ACTUALMENTE LIMITA EL TIEMPO QUE PODEMOS PASAR EN LA COCINA. POR ELLO, EN ESTA OBRA LE OFRECEMOS 200 RECETAS QUE PODRÁ REALIZAR EN UN ABRIR Y CERRAR DE OJOS.

¿Quiere cocinar, pero no desea perder el tiempo descifrando una receta? ¿Desea comprar un nabo, pero no tiene ni idea de cómo es? ¿Sabe apreciar un buen platillo, pero le molesta la idea de pasar 2 horas en la cocina? ¡Es normal, y no lo culparemos!

En este libro no encontrará instrucciones para elaborar las recetas porque no las necesitará. El objetivo de esta obra, de la que pronto no podrá prescindir, es mostrarle lo mínimo necesario para que usted pueda cocinar. Para ello, sólo siga la secuencia de imágenes y sume los "+" y obtendrá platillos maravillosos.

LA FÓRMULA ES TAN SENCILLA Y SEGURA COMO SUMAR 1 + 1.

SUMARIO

01

RILLETES
de salmón sellado

—

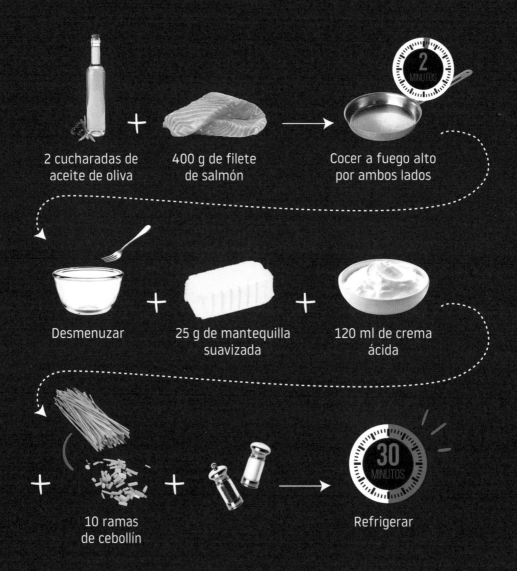

2 cucharadas de aceite de oliva + **400 g de filete de salmón** → **Cocer a fuego alto por ambos lados** (2 MINUTOS)

Desmenuzar + **25 g de mantequilla suavizada** + **120 ml de crema ácida**

+ **10 ramas de cebollín** + → **Refrigerar** (30 MINUTOS)

Para 8 personas
Preparación: 10 min
Cocción: 4 min
Refrigeración: 30 min

02 TARTA DE PESTO,
mozzarella y calabacitas

—

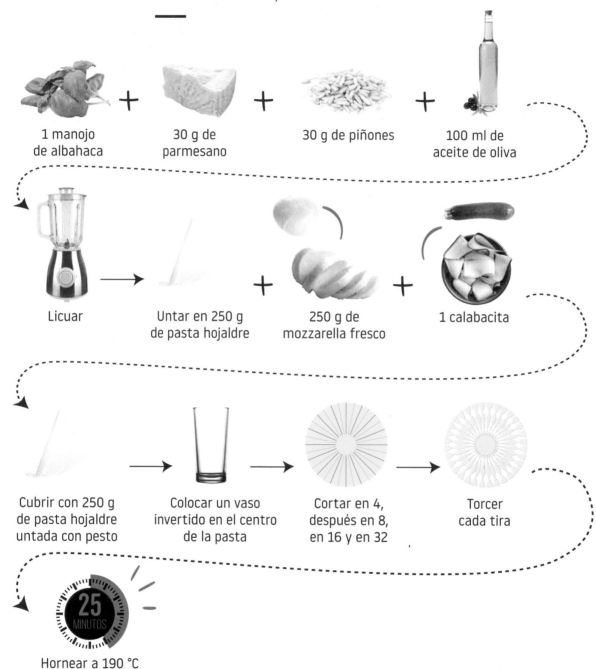

1 manojo
de albahaca

30 g de
parmesano

30 g de piñones

100 ml de
aceite de oliva

Licuar

Untar en 250 g
de pasta hojaldre

250 g de
mozzarella fresco

1 calabacita

Cubrir con 250 g
de pasta hojaldre
untada con pesto

Colocar un vaso
invertido en el centro
de la pasta

Cortar en 4,
después en 8,
en 16 y en 32

Torcer
cada tira

25
MINUTOS

Hornear a 190 °C

03 PAN RELLENO
de provolone, salvia y panceta
—

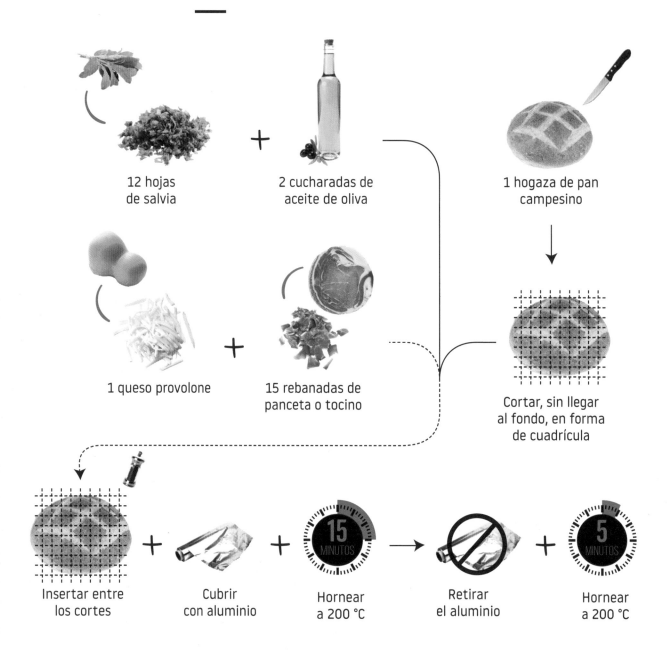

12 hojas
de salvia

2 cucharadas de
aceite de oliva

1 hogaza de pan
campesino

1 queso provolone

15 rebanadas de
panceta o tocino

Cortar, sin llegar
al fondo, en forma
de cuadrícula

Insertar entre
los cortes

Cubrir
con aluminio

Hornear
a 200 °C

Retirar
el aluminio

Hornear
a 200 °C

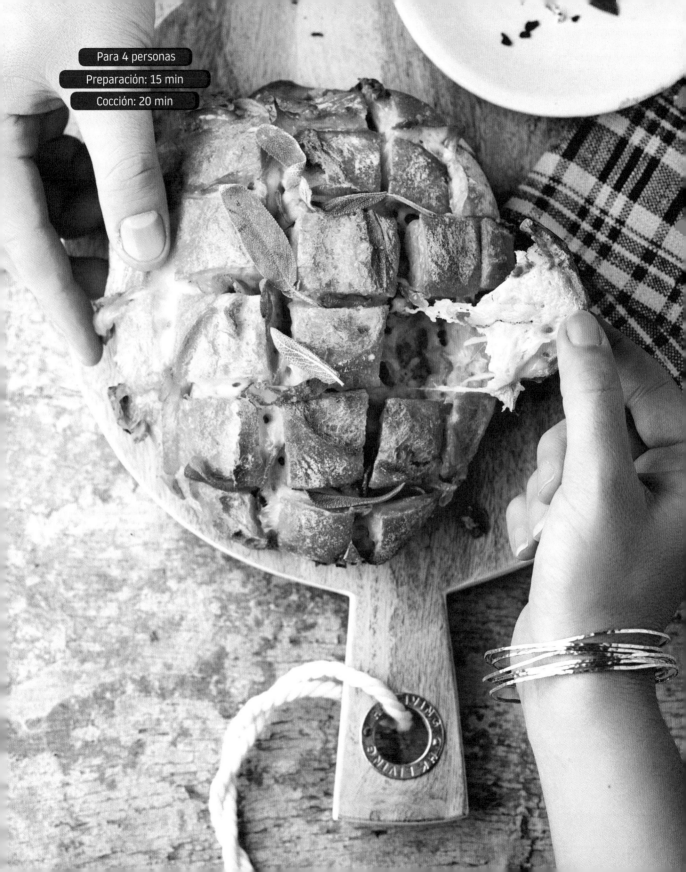

04

FOCACCIA
de jitomates cherry

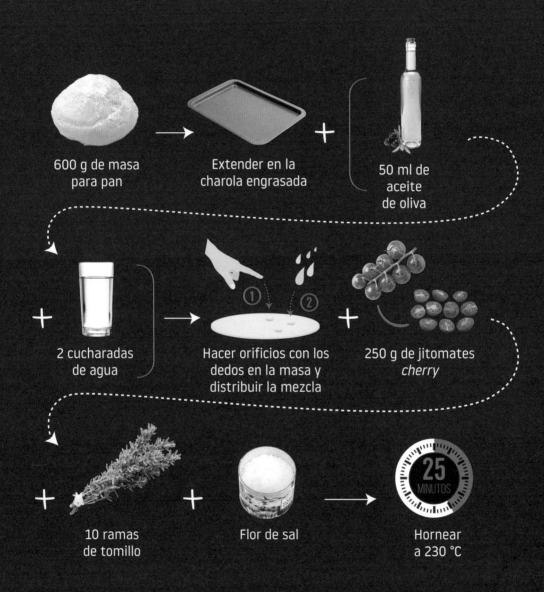

600 g de masa
para pan

Extender en la
charola engrasada

+

50 ml de
aceite
de oliva

+

2 cucharadas
de agua

Hacer orificios con los
dedos en la masa y
distribuir la mezcla

+

250 g de jitomates
cherry

+

10 ramas
de tomillo

+

Flor de sal

25
MINUTOS

Hornear
a 230 °C

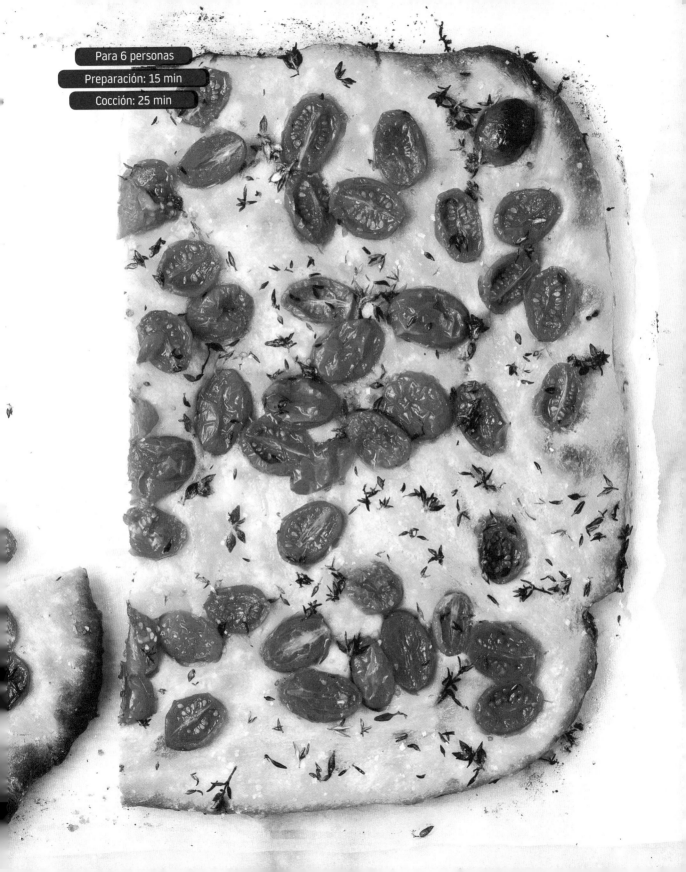

Para 6 personas

Preparación: 15 min

Cocción: 25 min

05 TARTA LIGERA
de jitomates multicolor
—

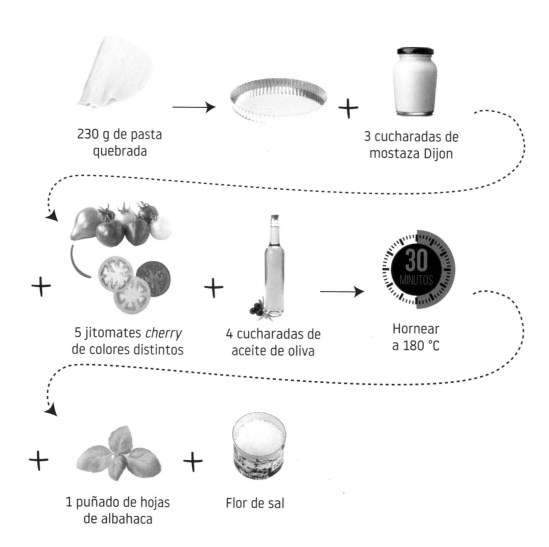

230 g de pasta
quebrada

3 cucharadas de
mostaza Dijon

+ 5 jitomates *cherry*
de colores distintos

+ 4 cucharadas de
aceite de oliva

30 MINUTOS

Hornear
a 180 °C

+ 1 puñado de hojas
de albahaca

+ Flor de sal

Para 8 personas
Preparación: 20 min
Cocción: 30 min

06 TARTA TATIN DE BETABEL
con vinagre balsámico

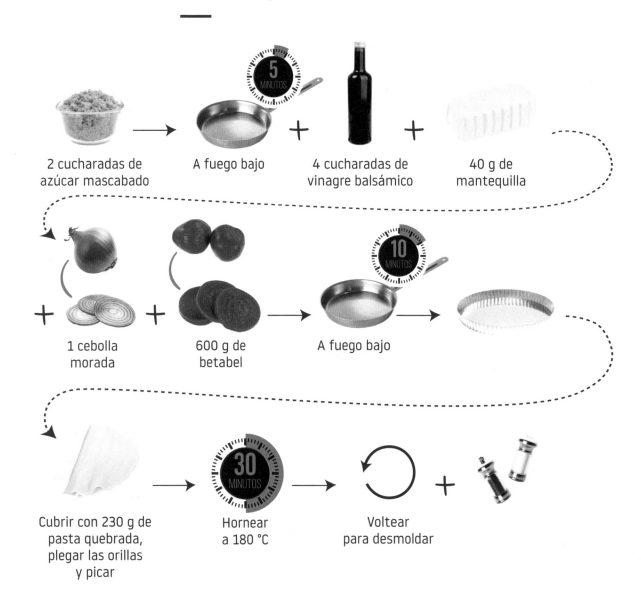

2 cucharadas de azúcar mascabado

A fuego bajo

5 MINUTOS

4 cucharadas de vinagre balsámico

40 g de mantequilla

1 cebolla morada

600 g de betabel

A fuego bajo

10 MINUTOS

Cubrir con 230 g de pasta quebrada, plegar las orillas y picar

Hornear a 180 °C

30 MINUTOS

Voltear para desmoldar

Para 4 personas

Preparación: 15 min

Cocción: 45 min

07 PANQUÉ DE FETA,
calabacitas y piñones

—

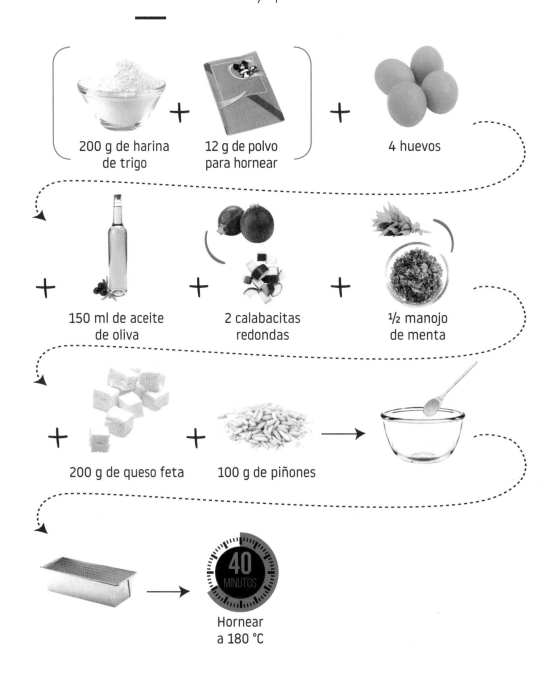

200 g de harina de trigo + 12 g de polvo para hornear + 4 huevos

+ 150 ml de aceite de oliva + 2 calabacitas redondas + ½ manojo de menta

+ 200 g de queso feta + 100 g de piñones →

→ 40 MINUTOS Hornear a 180 °C

Para 8 personas

Preparación: 15 min

Cocción: 40 min

08 GRAVLAX DE SALMÓN
con especias
—

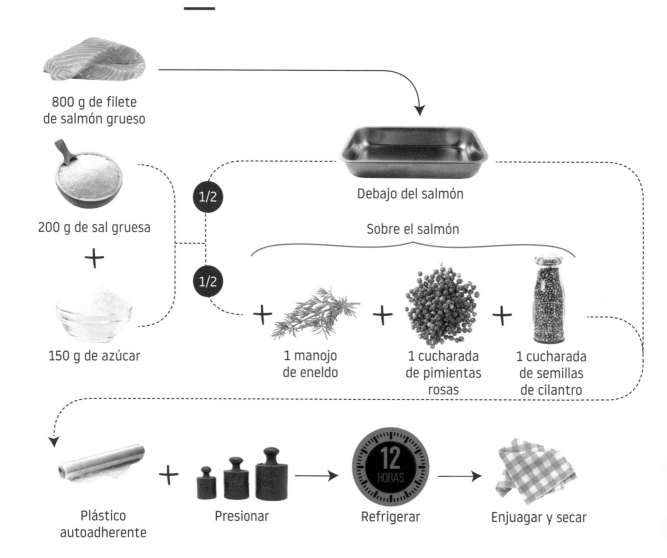

800 g de filete
de salmón grueso

200 g de sal gruesa

+

150 g de azúcar

1/2

1/2

Debajo del salmón

Sobre el salmón

+ 1 manojo
de eneldo

+ 1 cucharada
de pimientas
rosas

+ 1 cucharada
de semillas
de cilantro

Plástico
autoadherente

+ Presionar

12 HORAS
Refrigerar

Enjuagar y secar

Para 8 personas

Preparación: 15 min

Refrigeración: 12 a 24 h

09 ENSALADA DE COL,
mayonesa y miel

—

1 huevo

\+

1 cucharada de
mostaza con miel

\+

250 ml de aceite
de girasol

→

60 g de coco
rallado

\+

Agua fría

—→

½ col morada

\+

½ col blanca

→

15 MINUTOS

→

Sumergir
por separado
en agua fría

→

5 zanahorias

—————————————→

Para 8 personas

Preparación: 20 min

10 ENSALADA VERDE
con salchichón
—

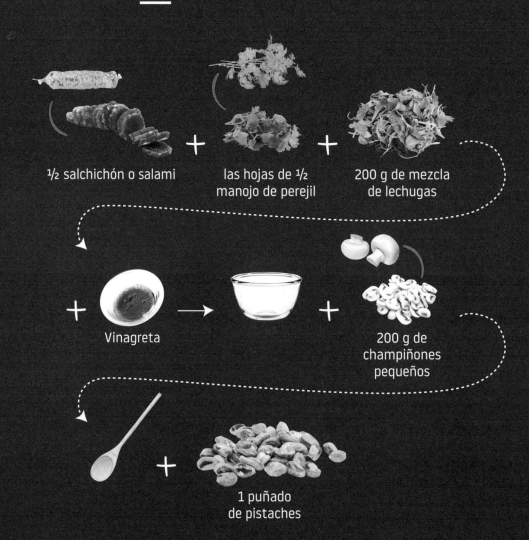

½ salchichón o salami + las hojas de ½ manojo de perejil + 200 g de mezcla de lechugas

+ Vinagreta → + 200 g de champiñones pequeños

+ 1 puñado de pistaches

11 ENSALADA VERDE
con burrata
—

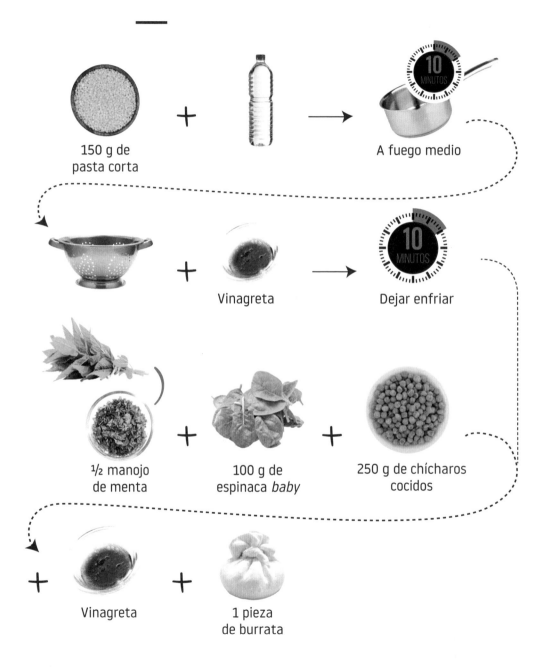

150 g de
pasta corta

+

A fuego medio
10 MINUTOS

Vinagreta

Dejar enfriar
10 MINUTOS

½ manojo
de menta

+

100 g de
espinaca *baby*

+

250 g de chícharos
cocidos

+

Vinagreta

+

1 pieza
de burrata

12 ENSALADA DE BETABEL
y queso de cabra
—

2 betabeles pequeños cocidos

+

300 g de arúgula

+

4 orejones de chabacano

+

1 puñado de nueces

+

Vinagreta

+

1 queso de cabra

Para 4 personas

Preparación: 15 min

13 CEBOLLAS RELLENAS
de carne de res

—

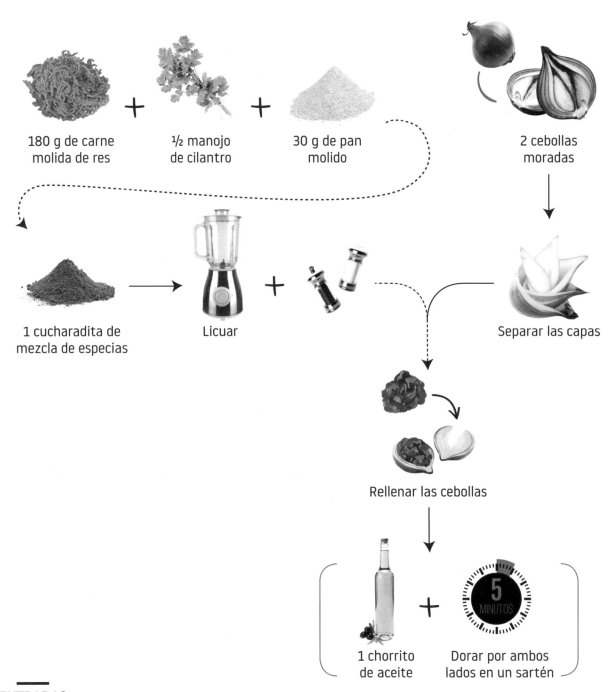

180 g de carne
molida de res

½ manojo
de cilantro

30 g de pan
molido

2 cebollas
moradas

1 cucharadita de
mezcla de especias

Licuar

Separar las capas

Rellenar las cebollas

1 chorrito
de aceite

5 MINUTOS

Dorar por ambos
lados en un sartén

Para 6 personas

Preparación: 15 min

Cocción: 5 min

14 ALBÓNDIGAS DE TERNERA
con espinaca y gorgonzola
—

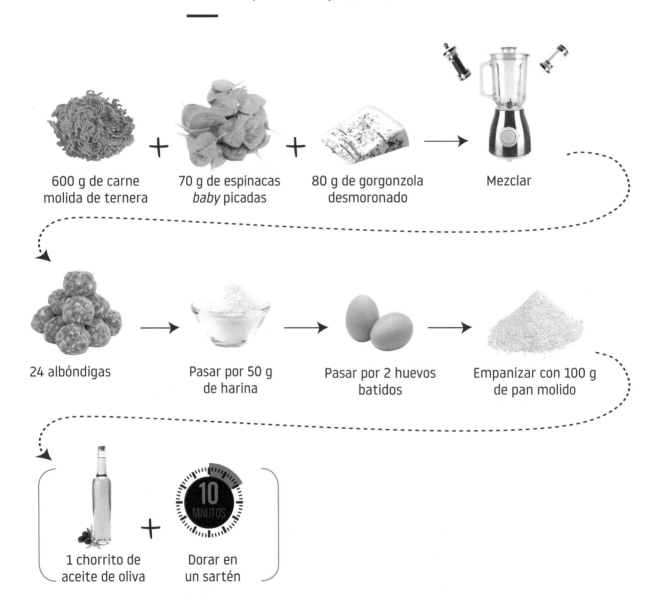

600 g de carne
molida de ternera
+
70 g de espinacas
baby picadas
+
80 g de gorgonzola
desmoronado

Mezclar

24 albóndigas

Pasar por 50 g
de harina

Pasar por 2 huevos
batidos

Empanizar con 100 g
de pan molido

1 chorrito de
aceite de oliva
+
10 MINUTOS
Dorar en
un sartén

Para 6 personas
Preparación: 15 min
Cocción: 10 min

15 AROS DE CALAMAR
con mayonesa y limón

—

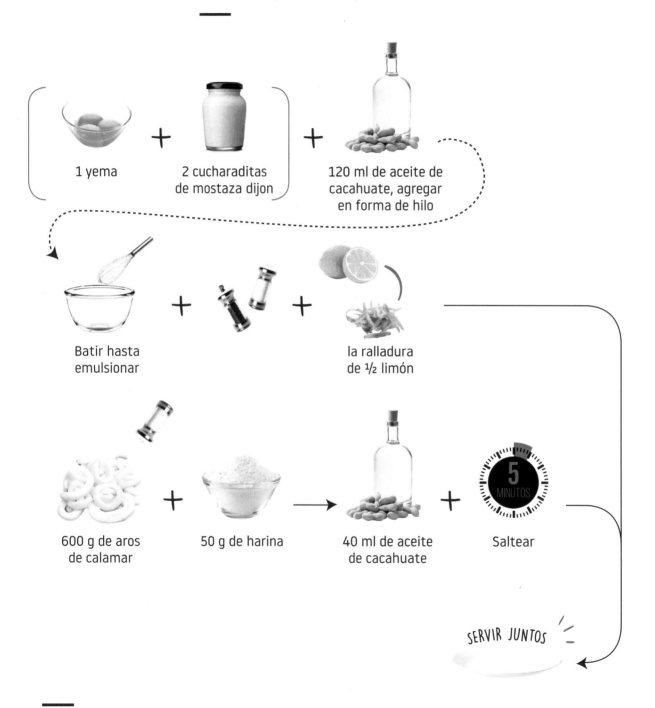

1 yema

+

2 cucharaditas
de mostaza dijon

+

120 ml de aceite de
cacahuate, agregar
en forma de hilo

Batir hasta
emulsionar

+

+

la ralladura
de ½ limón

600 g de aros
de calamar

+

50 g de harina

40 ml de aceite
de cacahuate

+

5 MINUTOS

Saltear

SERVIR JUNTOS

16 CREMA DE CALABACITAS
con curry
—

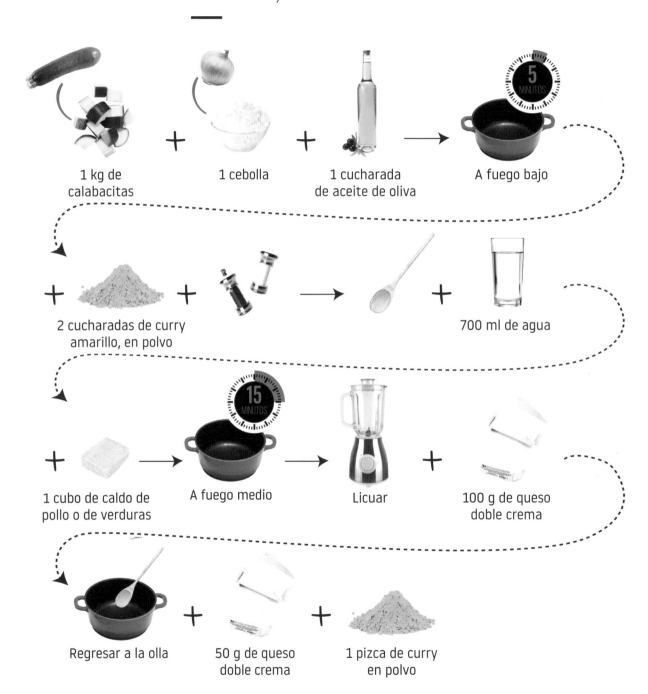

1 kg de
calabacitas

1 cebolla

1 cucharada
de aceite de oliva

A fuego bajo

2 cucharadas de curry
amarillo, en polvo

700 ml de agua

1 cubo de caldo de
pollo o de verduras

A fuego medio

Licuar

100 g de queso
doble crema

Regresar a la olla

50 g de queso
doble crema

1 pizca de curry
en polvo

17 CREMA DE ZANAHORIA
con cacahuate y cilantro

—

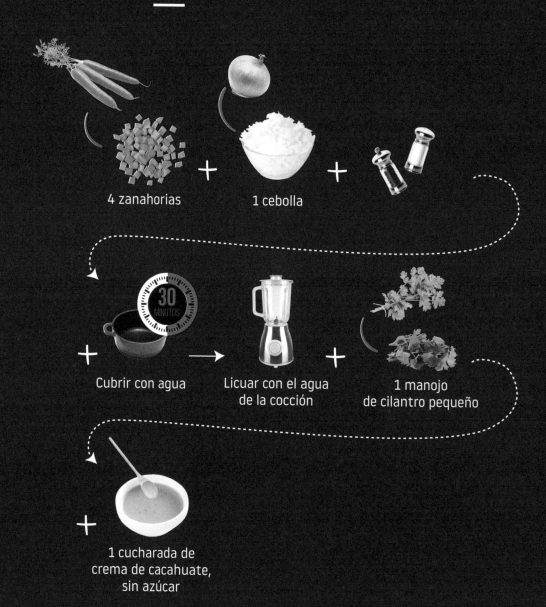

4 zanahorias + 1 cebolla +

+ Cubrir con agua → Licuar con el agua de la cocción + 1 manojo de cilantro pequeño

+ 1 cucharada de crema de cacahuate, sin azúcar

Para 4 personas

Preparación: 10 min

Cocción: 30 min

18 CREMA DE CALABAZA
y lentejas con curry
—

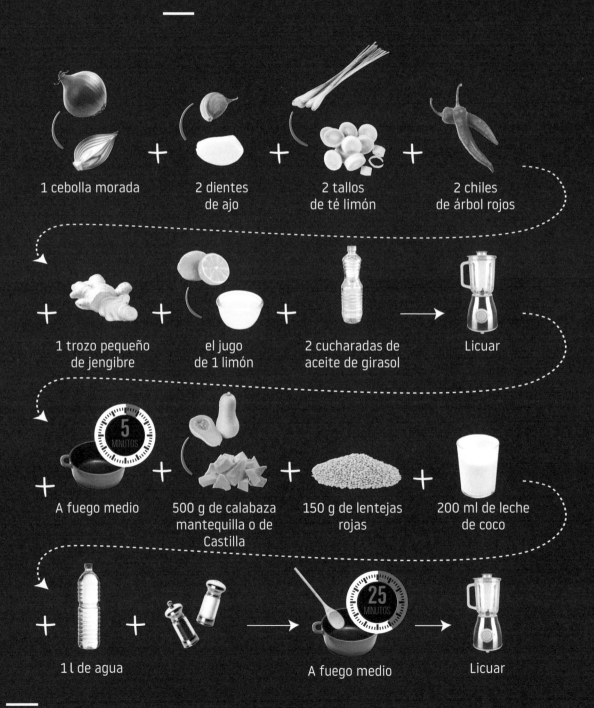

1 cebolla morada + 2 dientes de ajo + 2 tallos de té limón + 2 chiles de árbol rojos

1 trozo pequeño de jengibre + el jugo de 1 limón + 2 cucharadas de aceite de girasol → Licuar

A fuego medio (5 MINUTOS) + 500 g de calabaza mantequilla o de Castilla + 150 g de lentejas rojas + 200 ml de leche de coco

1 l de agua + [pimienta y sal] → A fuego medio (25 MINUTOS) → Licuar

Para 4 personas

Preparación: 10 min

Cocción: 30 min

19 SOPA DE MANZANA,
camote y jengibre
—

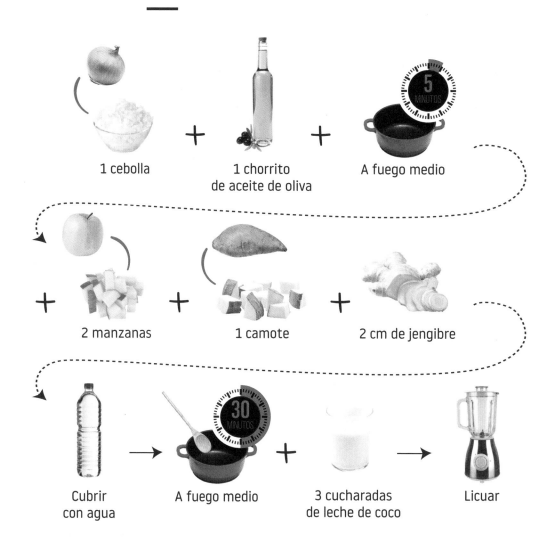

1 cebolla + 1 chorrito de aceite de oliva + A fuego medio (5 MINUTOS)

+ 2 manzanas + 1 camote + 2 cm de jengibre

Cubrir con agua → A fuego medio (30 MINUTOS) + 3 cucharadas de leche de coco → Licuar

Para 4 personas
Preparación: 10 min
Cocción: 35 min

20 SOPA DE ESPINACAS
y comino
—

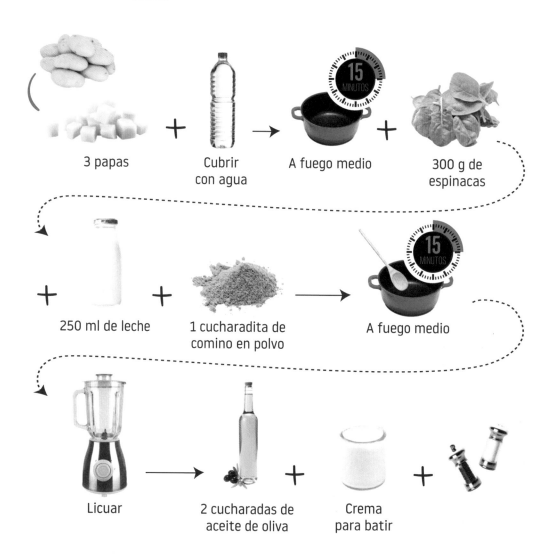

3 papas

+

Cubrir
con agua

→ A fuego medio

15
MINUTOS

+ 300 g de
espinacas

+ 250 ml de leche

+ 1 cucharadita de
comino en polvo

→ A fuego medio

15
MINUTOS

Licuar

→ 2 cucharadas de
aceite de oliva

+ Crema
para batir

+

21 ROAST BEEF
y papas con pesto

—

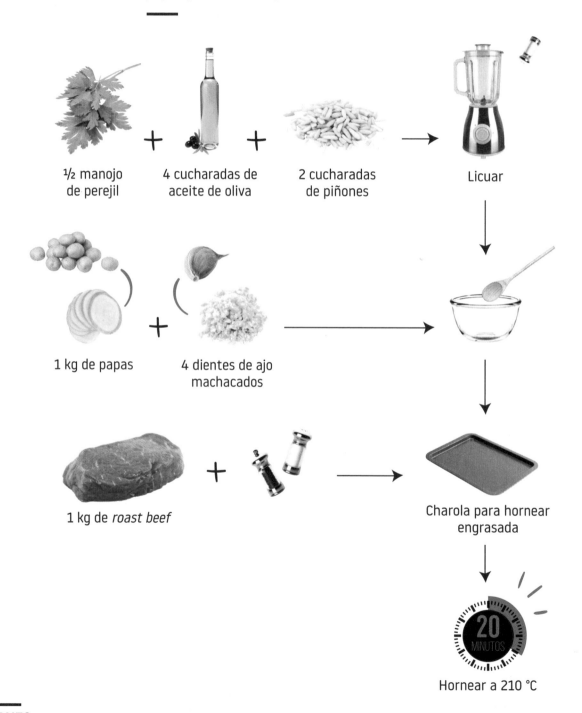

½ manojo de perejil + 4 cucharadas de aceite de oliva + 2 cucharadas de piñones → Licuar

1 kg de papas + 4 dientes de ajo machacados

1 kg de *roast beef* + Charola para hornear engrasada

20 MINUTOS

Hornear a 210 °C

Para 4 personas

Preparación: 15 min

Cocción: 20 min

22 WOK DE RES
con fideos de arroz y brócoli

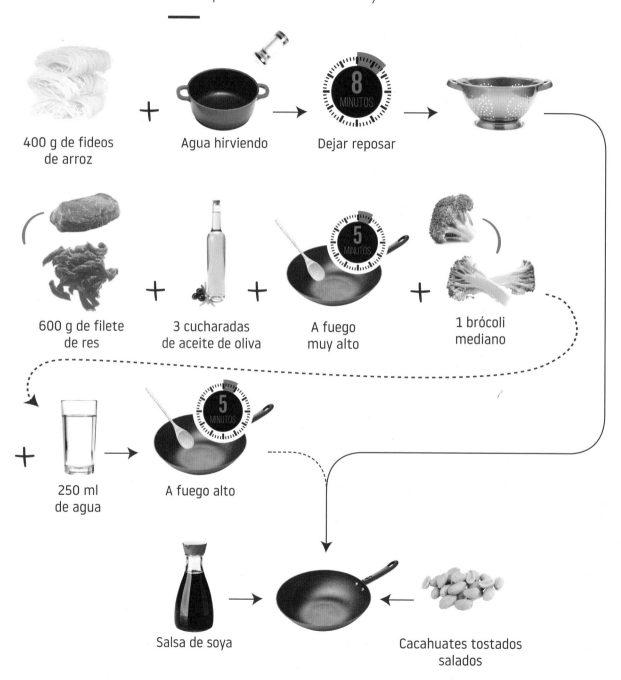

400 g de fideos
de arroz

Agua hirviendo

8 MINUTOS
Dejar reposar

600 g de filete
de res

3 cucharadas
de aceite de oliva

5 MINUTOS
A fuego
muy alto

1 brócoli
mediano

250 ml
de agua

5 MINUTOS
A fuego alto

Salsa de soya

Cacahuates tostados
salados

CARNES

23 CHILI CON CARNE
exprés
—

2 cebollas

\+

2 cucharadas
de aceite de oliva

A fuego medio

3 MINUTOS

\+

500 g de carne
molida de res

A fuego medio

5 MINUTOS

\+

300 g de jitomates
picados, enlatados

\+

400 g de ayocotes
cocidos

\+

1 cucharada de
chile en polvo

\+

1 cucharada de
comino en polvo

\+

A fuego bajo

20 MINUTOS

Para 4 personas

Preparación: 10 min

Cocción: 28 min

24 RES CON CILANTRO
y té limón

—

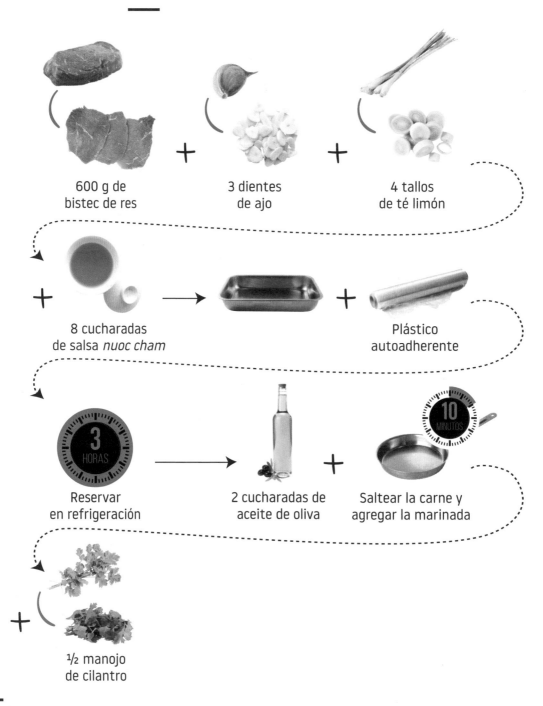

600 g de
bistec de res

+

3 dientes
de ajo

+

4 tallos
de té limón

+

8 cucharadas
de salsa *nuoc cham*

→

+

Plástico
autoadherente

3 HORAS

Reservar
en refrigeración

→

2 cucharadas de
aceite de oliva

+

10 MINUTOS

Saltear la carne y
agregar la marinada

+

½ manojo
de cilantro

Para 4 personas

Preparación: 15 min

Refrigeración: 3 h

Cocción: 10 min

25 CARNE DE RES
a la cerveza

—

 +  →  +

| 20 g de mantequilla | 2 cucharadas de aceite de girasol | A fuego medio | 1 cebolla grande |

 + →  +

| A fuego alto | 1.2 kg de carne de res para estofados | A fuego medio | 4 cucharadas de harina |

 + +  +

| 500 ml de cerveza clara | Reducir el fuego y mezclar | 1 manojo de hierbas de olor |

 +

| Tapar y cocer a fuego bajo | 4 cucharadas de mostaza a la antigua |

Para 4 personas

Preparación: 15 min

Cocción: 2 h 38 min

26 RES
encebollada
—

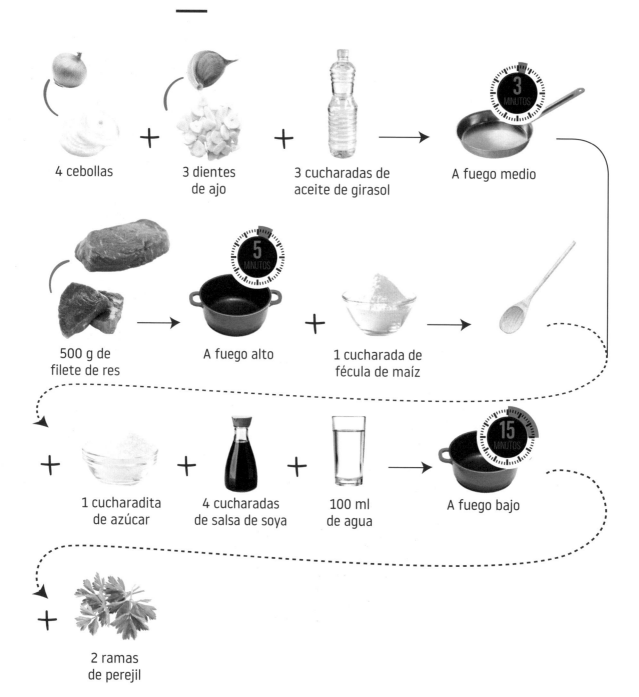

4 cebollas + 3 dientes de ajo + 3 cucharadas de aceite de girasol → A fuego medio 3 MINUTOS

500 g de filete de res → A fuego alto 5 MINUTOS + 1 cucharada de fécula de maíz →

+ 1 cucharadita de azúcar + 4 cucharadas de salsa de soya + 100 ml de agua → A fuego bajo 15 MINUTOS

+ 2 ramas de perejil

Para 4 personas

Preparación: 15 min

Cocción: 23 min

27 BROCHETAS
de albóndigas con ensalada de jitomates
—

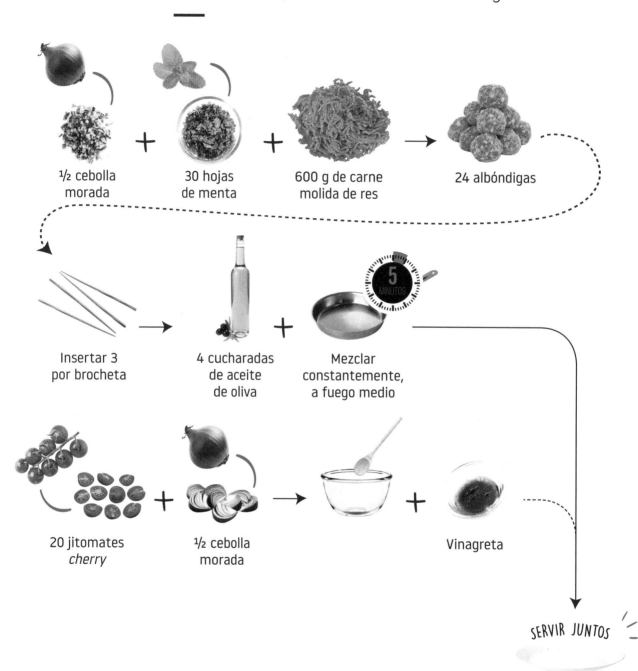

½ cebolla morada

+

30 hojas de menta

+

600 g de carne molida de res

24 albóndigas

Insertar 3 por brocheta

4 cucharadas de aceite de oliva

+

Mezclar constantemente, a fuego medio

5 MINUTOS

20 jitomates *cherry*

+

½ cebolla morada

+

Vinagreta

SERVIR JUNTOS

28 ESPAGUETI
a la boloñesa

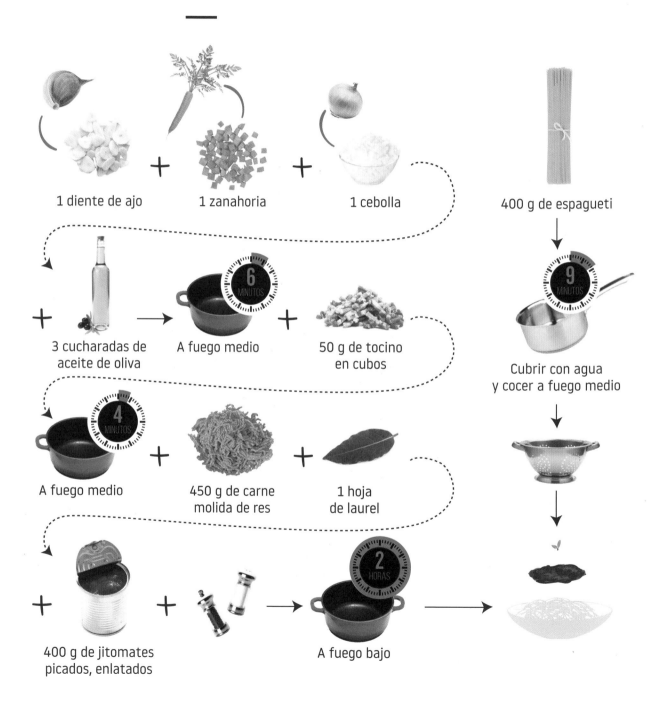

1 diente de ajo + 1 zanahoria + 1 cebolla

400 g de espagueti

+ 3 cucharadas de aceite de oliva → A fuego medio (6 MINUTOS) + 50 g de tocino en cubos

Cubrir con agua y cocer a fuego medio (9 MINUTOS)

A fuego medio (4 MINUTOS) + 450 g de carne molida de res + 1 hoja de laurel

+ 400 g de jitomates picados, enlatados + A fuego bajo (2 HORAS) →

Para 4 personas

Preparación: 15 min

Cocción: 2 h 10 min

29 LINGUINE
con albóndigas

—

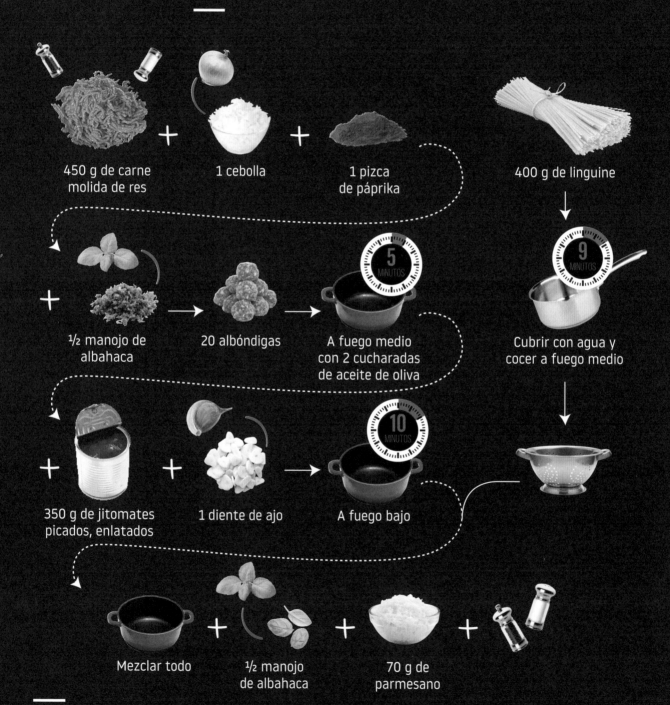

450 g de carne
molida de res

+

1 cebolla

+

1 pizca
de páprika

400 g de linguine

+

½ manojo de
albahaca

20 albóndigas

A fuego medio
con 2 cucharadas
de aceite de oliva

5 MINUTOS

9 MINUTOS

Cubrir con agua y
cocer a fuego medio

+

350 g de jitomates
picados, enlatados

+

1 diente de ajo

A fuego bajo

10 MINUTOS

Mezclar todo

+

½ manojo
de albahaca

+

70 g de
parmesano

+

HAMBURGUESAS

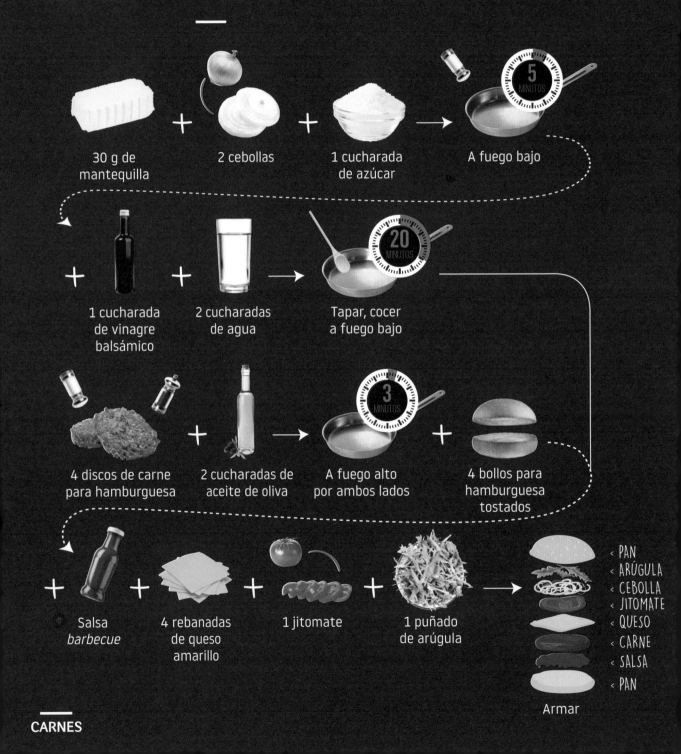

30 g de mantequilla

+ 2 cebollas

+ 1 cucharada de azúcar

→ A fuego bajo
5 MINUTOS

+ 1 cucharada de vinagre balsámico

+ 2 cucharadas de agua

→ Tapar, cocer a fuego bajo
20 MINUTOS

4 discos de carne para hamburguesa

+ 2 cucharadas de aceite de oliva

→ A fuego alto por ambos lados
3 MINUTOS

+ 4 bollos para hamburguesa tostados

Salsa *barbecue*

+ 4 rebanadas de queso amarillo

+ 1 jitomate

+ 1 puñado de arúgula

→
< PAN
< ARÚGULA
< CEBOLLA
< JITOMATE
< QUESO
< CARNE
< SALSA
< PAN

Armar

31 FAJITAS
de res

—

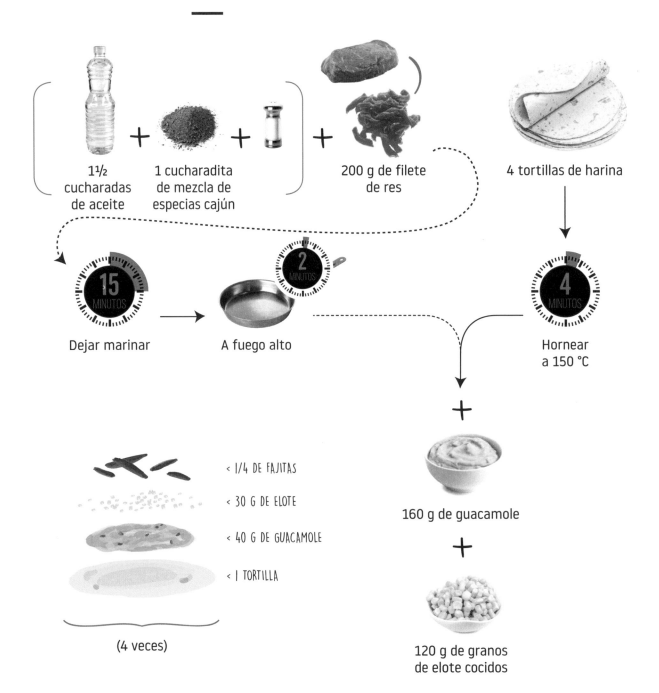

1½ cucharadas de aceite

+

1 cucharadita de mezcla de especias cajún

+

+

200 g de filete de res

4 tortillas de harina

15 MINUTOS
Dejar marinar

→

2 MINUTOS
A fuego alto

4 MINUTOS
Hornear a 150 °C

+

160 g de guacamole

+

120 g de granos de elote cocidos

< 1/4 DE FAJITAS

< 30 G DE ELOTE

< 40 G DE GUACAMOLE

< 1 TORTILLA

(4 veces)

32 MOUSSAKA

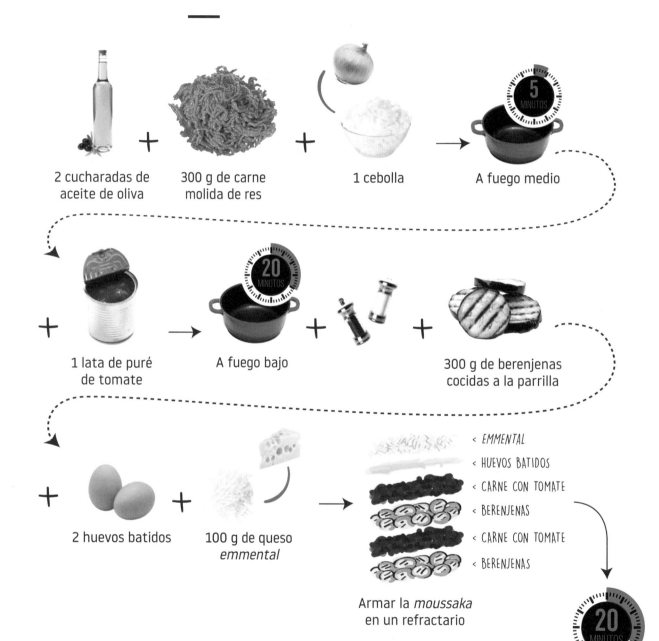

2 cucharadas de aceite de oliva

+

300 g de carne molida de res

+

1 cebolla

→ A fuego medio

+

1 lata de puré de tomate

→ A fuego bajo

+

+

300 g de berenjenas cocidas a la parrilla

+

2 huevos batidos

+

100 g de queso *emmental*

→

< EMMENTAL
< HUEVOS BATIDOS
< CARNE CON TOMATE
< BERENJENAS
< CARNE CON TOMATE
< BERENJENAS

Armar la *moussaka* en un refractario

Hornear a 200 °C

Para 6 personas
Preparación: 15 min
Cocción: 45 min

33

CHAMBARETE
con limón amarillo confitado

 +  →  +

**4 rebanadas
de chambarete
de ternera**

**2 cucharadas
de aceite de oliva**

**A fuego alto
por ambos lados**

 +  + +

1 cebolla

**2 cucharaditas
de comino
en polvo**

**1 limón amarillo
confitado**

**½ manojo de
zanahorias *baby***

 + →  +

A fuego alto

**600 ml
de agua**

**Tapar y cocer
a fuego bajo**

**½ manojo de
zanahorias *baby***

 +

A fuego bajo

Para 4 personas

Preparación: 15 min

Cocción: 2 h 7 min

34 SALTIMBOCCA

de ternera, mozzarella y romero

—

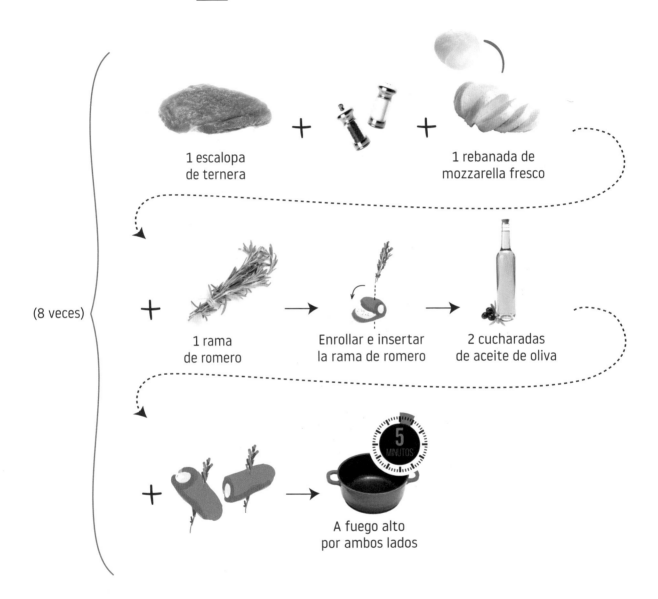

(8 veces)

1 escalopa
de ternera

+

+ 1 rebanada de
mozzarella fresco

+ 1 rama
de romero

→ Enrollar e insertar
la rama de romero

→ 2 cucharadas
de aceite de oliva

+ → **5 MINUTOS**

A fuego alto
por ambos lados

Para 8 personas

Preparación: 15 min

Cocción: 15 min

35 ROLLO DE TERNERA
con hierbas
—

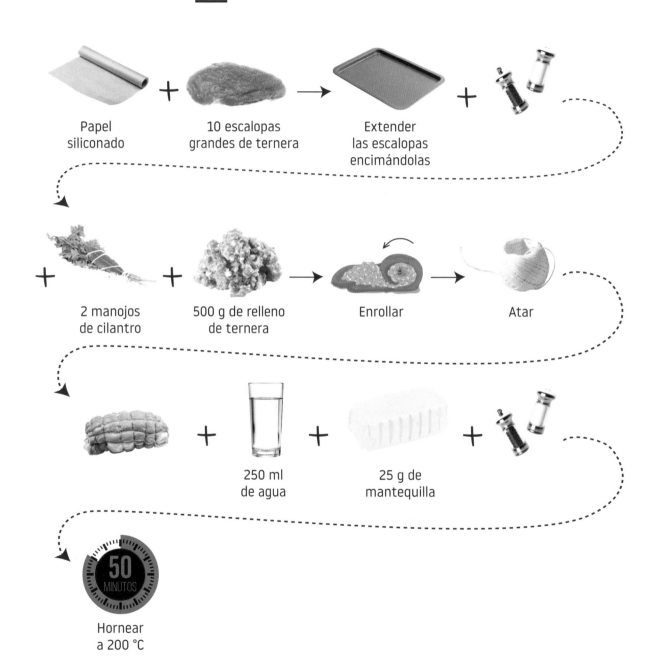

Papel
siliconado

10 escalopas
grandes de ternera

Extender
las escalopas
encimándolas

2 manojos
de cilantro

500 g de relleno
de ternera

Enrollar

Atar

250 ml
de agua

25 g de
mantequilla

50 MINUTOS

Hornear
a 200 °C

Para 8 personas
Preparación: 15 min
Cocción: 50 min

36 TERNERA
con champiñones

—

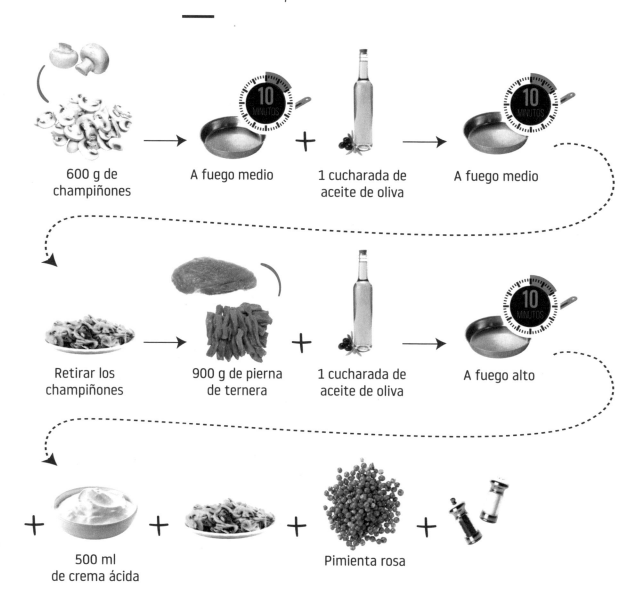

600 g de
champiñones

A fuego medio

1 cucharada de
aceite de oliva

A fuego medio

Retirar los
champiñones

900 g de pierna
de ternera

1 cucharada de
aceite de oliva

A fuego alto

500 ml
de crema ácida

Pimienta rosa

Para 8 personas

Preparación: 20 min

Cocción: 30 min

37 ESTOFADO
de ternera

—

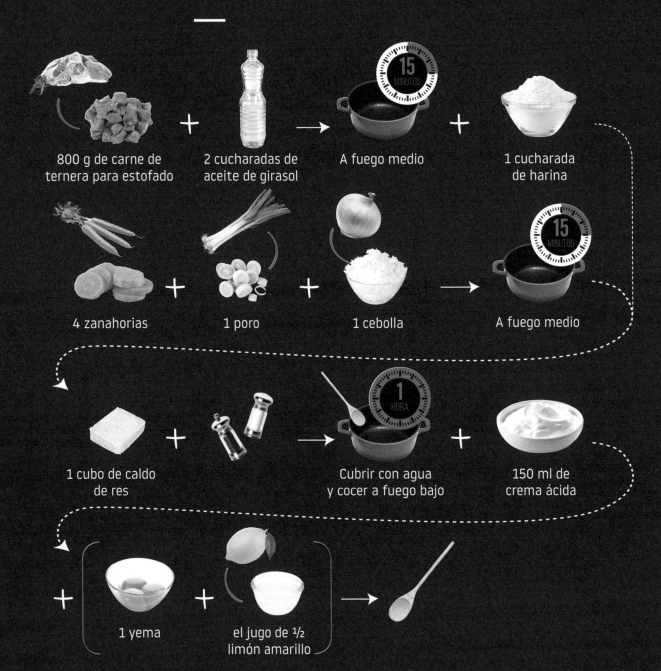

800 g de carne de ternera para estofado

2 cucharadas de aceite de girasol

15 MINUTOS

A fuego medio

1 cucharada de harina

4 zanahorias

1 poro

1 cebolla

15 MINUTOS

A fuego medio

1 cubo de caldo de res

1 HORA

Cubrir con agua y cocer a fuego bajo

150 ml de crema ácida

1 yema

el jugo de ½ limón amarillo

Para 4 personas

Preparación: 15 min

Cocción: 1 h 30 min

38 TAJINE DE CORDERO
con peras y miel
—

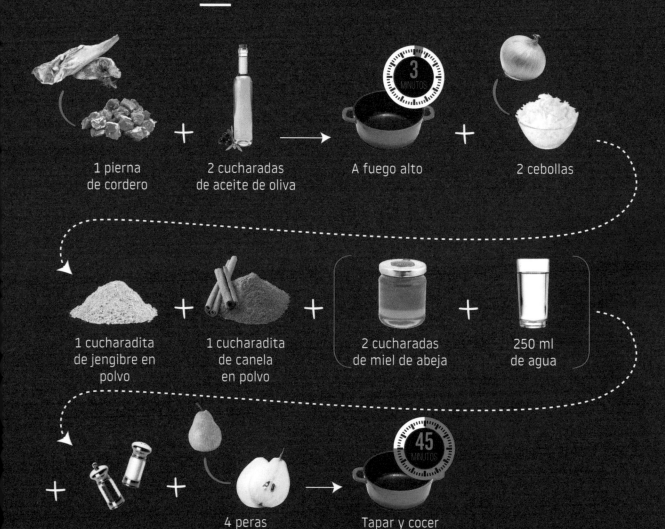

1 pierna
de cordero

2 cucharadas
de aceite de oliva

A fuego alto

2 cebollas

1 cucharadita
de jengibre en
polvo

1 cucharadita
de canela
en polvo

2 cucharadas
de miel de abeja

250 ml
de agua

4 peras
sin corazón

Tapar y cocer
a fuego bajo

Para 4 personas

Preparación: 15 min

Cocción: 48 min

39 CURRY
de cordero
—

2 cucharadas
de curry en polvo

+

250 g de
yogur natural

+

500 g de pierna
de cordero

1 cebolla

+

2 cucharadas
de aceite

→

5 MINUTOS

A fuego medio

25 MINUTOS

+

A fuego bajo

Para 4 personas

Preparación: 15 min

Cocción: 30 min

40 COSTILLAS DE CERDO
en salsa BBQ
—

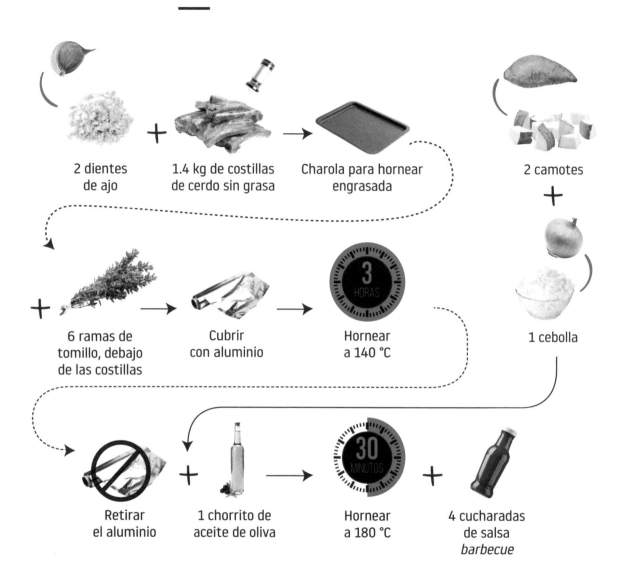

2 dientes
de ajo

1.4 kg de costillas
de cerdo sin grasa

Charola para hornear
engrasada

2 camotes

6 ramas de
tomillo, debajo
de las costillas

Cubrir
con aluminio

Hornear
a 140 °C

3
HORAS

1 cebolla

Retirar
el aluminio

1 chorrito de
aceite de oliva

Hornear
a 180 °C

30
MINUTOS

4 cucharadas
de salsa
barbecue

41 FILETE MIGNON
de cerdo con jitomates deshidratados
—

180 g de jitomates
deshidratados, en aceite
+
1 diente
de ajo
+
1 cucharada de
mostaza dijon

Extender sobre
2 filetes de cerdo
Charola para
hornear engrasada

3 HORAS
Refrigerar
+
1 cebolla
morada
20 MINUTOS
Hornear
a 210 °C

25 MINUTOS
Hornear
a 180 °C

42 MEDALLONES DE CERDO,
salsa de pera y queso azul

—

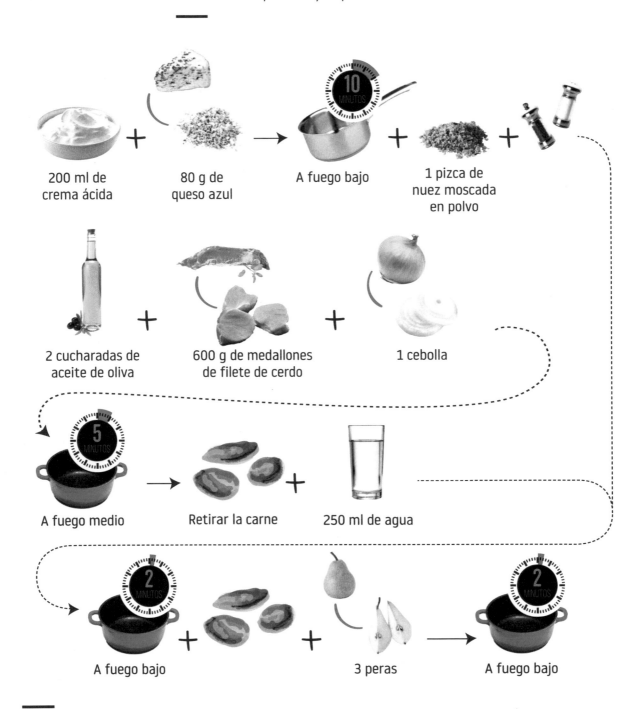

200 ml de
crema ácida

80 g de
queso azul

A fuego bajo

1 pizca de
nuez moscada
en polvo

2 cucharadas de
aceite de oliva

600 g de medallones
de filete de cerdo

1 cebolla

A fuego medio

Retirar la carne

250 ml de agua

A fuego bajo

3 peras

A fuego bajo

43 SALTEADO DE CERDO
y piña
—

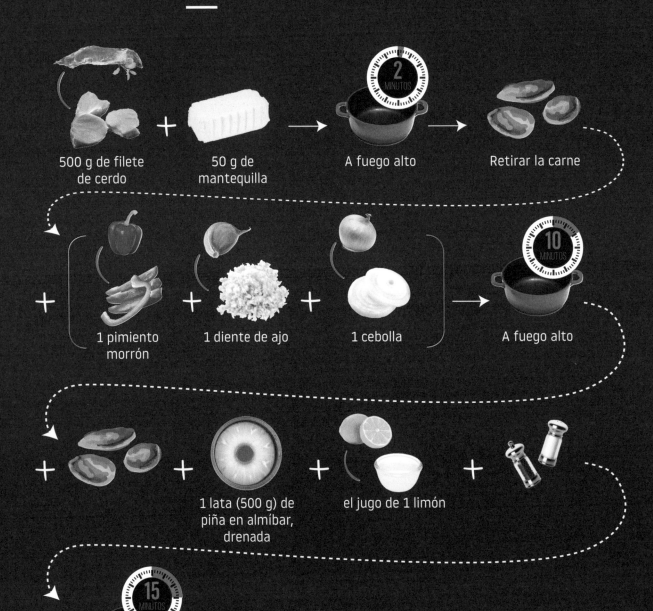

500 g de filete
de cerdo

+

50 g de
mantequilla

→ A fuego alto

2 MINUTOS

→ Retirar la carne

+

1 pimiento
morrón

+

1 diente de ajo

+

1 cebolla

→ A fuego alto

10 MINUTOS

+

+

1 lata (500 g) de
piña en almíbar,
drenada

+

el jugo de 1 limón

+

A fuego medio

15 MINUTOS

Para 4 personas

Preparación: 15 min

Cocción: 27 min

44 SALTEADO DE CERDO
y jengibre
—

4 tallos de cebolla cambray

3 cm de jengibre

2 cucharadas de aceite de semillas de uva

5 MINUTOS

A fuego medio

600 g de filete de cerdo

3 cucharadas de salsa de soya

10 MINUTOS

2 cucharaditas de azúcar mascabado

A fuego bajo

Para 4 personas
Preparación: 15 min
Cocción: 15 min

45 FILETE DE CERDO
con curry
—

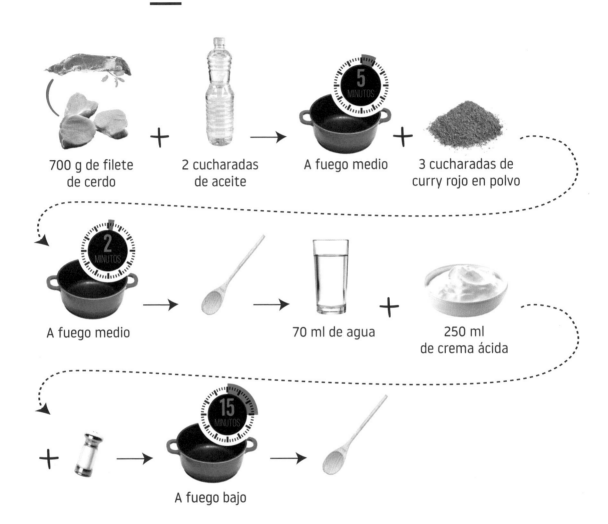

700 g de filete
de cerdo

+

2 cucharadas
de aceite

A fuego medio

+

3 cucharadas de
curry rojo en polvo

A fuego medio

70 ml de agua

+

250 ml
de crema ácida

+

A fuego bajo

46 RISOTTO DE SALCHICHA
y champiñones
—

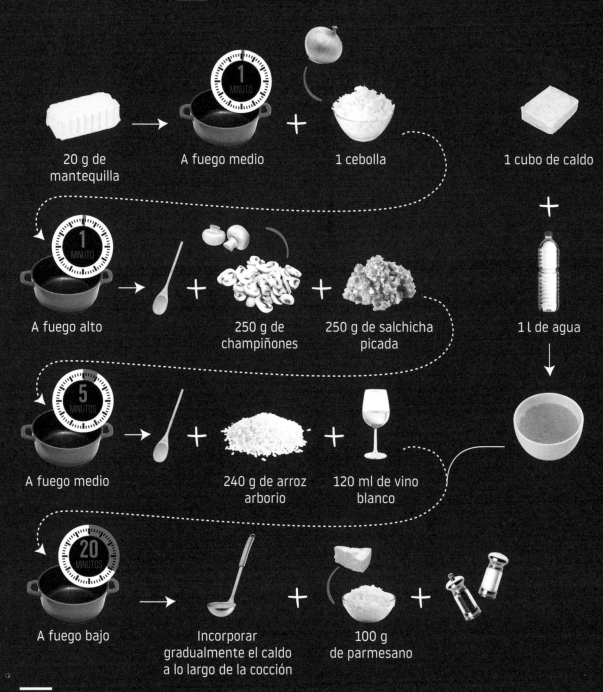

20 g de mantequilla

A fuego medio

1 cebolla

1 cubo de caldo

A fuego alto

250 g de champiñones

250 g de salchicha picada

1 l de agua

A fuego medio

240 g de arroz arborio

120 ml de vino blanco

A fuego bajo

Incorporar gradualmente el caldo a lo largo de la cocción

100 g de parmesano

Para 4 personas

Preparación: 15 min

Cocción: 27 min

47 PAPAS CON
salchicha ahumada y mostaza
—

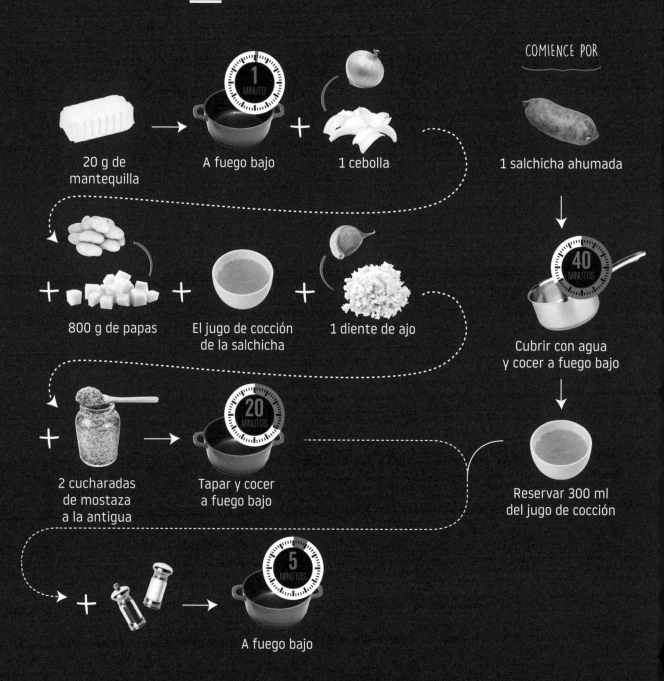

COMIENCE POR

20 g de
mantequilla

1
MINUTO

A fuego bajo

+

1 cebolla

1 salchicha ahumada

+

800 g de papas

+

El jugo de cocción
de la salchicha

+

1 diente de ajo

40
MINUTOS

Cubrir con agua
y cocer a fuego bajo

+

2 cucharadas
de mostaza
a la antigua

20
MINUTOS

Tapar y cocer
a fuego bajo

Reservar 300 ml
del jugo de cocción

+

5
MINUTOS

A fuego bajo

48 TROFIE
con jitomate y salchicha italiana
—

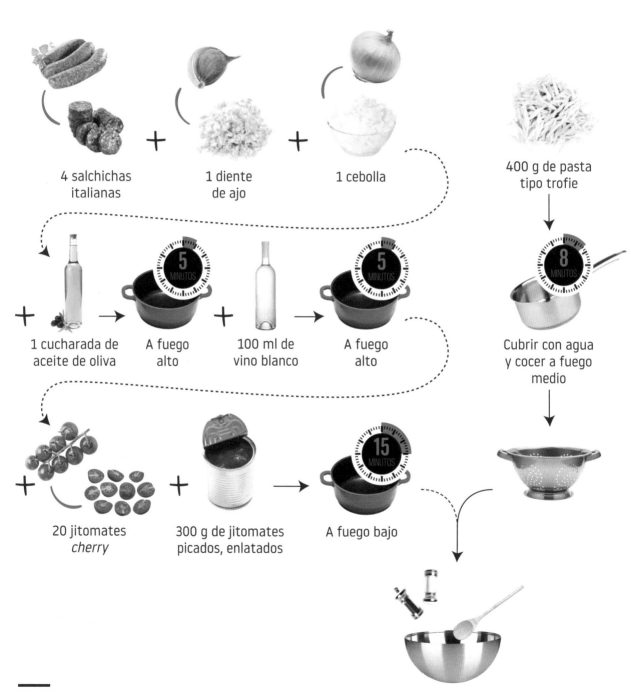

4 salchichas italianas

+

1 diente de ajo

+

1 cebolla

400 g de pasta tipo trofie

+

1 cucharada de aceite de oliva

→

5 MINUTOS
A fuego alto

+

100 ml de vino blanco

→

5 MINUTOS
A fuego alto

8 MINUTOS
Cubrir con agua y cocer a fuego medio

+

20 jitomates *cherry*

+

300 g de jitomates picados, enlatados

→

15 MINUTOS
A fuego bajo

—
CARNES

Para 4 personas
Preparación: 15 min
Cocción: 25 min

49 PENNE EN SALSA
de jitomate con panceta y albahaca

—

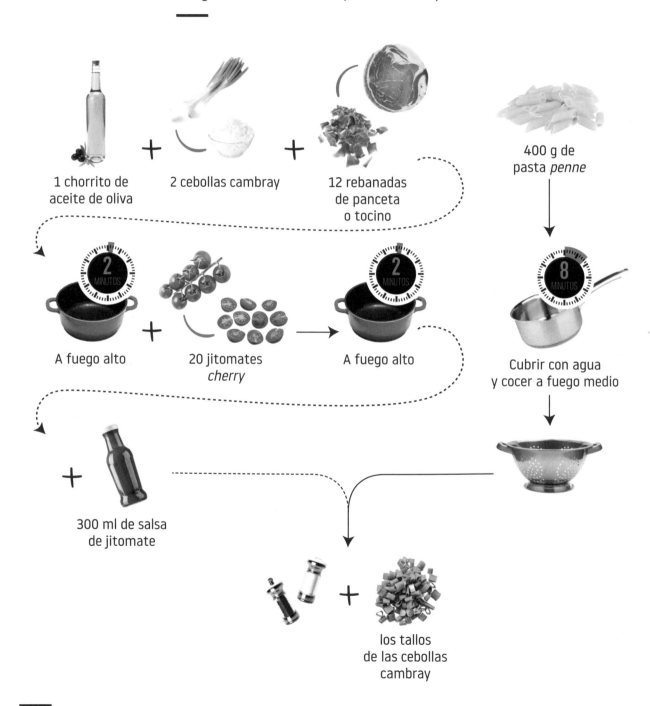

1 chorrito de
aceite de oliva

2 cebollas cambray

12 rebanadas
de panceta
o tocino

400 g de
pasta *penne*

2 MINUTOS
A fuego alto

20 jitomates
cherry

2 MINUTOS
A fuego alto

8 MINUTOS
Cubrir con agua
y cocer a fuego medio

300 ml de salsa
de jitomate

los tallos
de las cebollas
cambray

Para 4 personas

Preparación: 15 min

Cocción: 8 min

50 QUICHE DE JAMÓN,
menta y chícharos

—

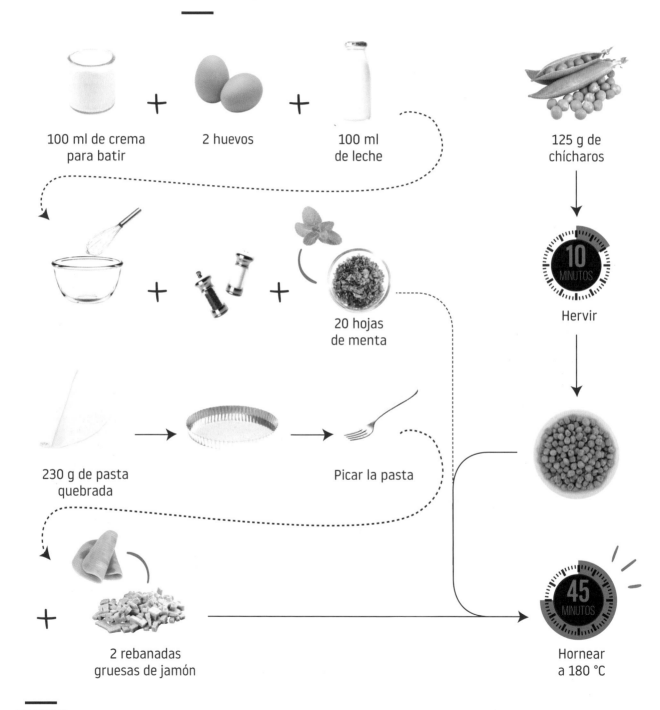

100 ml de crema para batir

2 huevos

100 ml de leche

125 g de chícharos

20 hojas de menta

10 MINUTOS
Hervir

230 g de pasta quebrada

Picar la pasta

45 MINUTOS
Hornear a 180 °C

2 rebanadas gruesas de jamón

Para 4 personas
Preparación: 15 min
Cocción: 55 min

51 PIZZA RÁPIDA
de chorizo

—

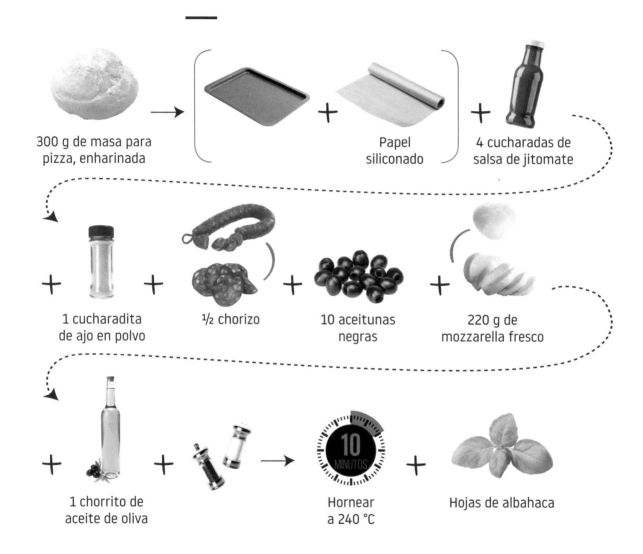

300 g de masa para
pizza, enharinada

Papel
siliconado

4 cucharadas de
salsa de jitomate

1 cucharadita
de ajo en polvo

½ chorizo

10 aceitunas
negras

220 g de
mozzarella fresco

1 chorrito de
aceite de oliva

10 MINUTOS

Hornear
a 240 °C

Hojas de albahaca

Para 4 personas
Preparación: 10 min
Cocción: 10 min

52 PIZZA DE VERDURAS

a la parrilla, jamón y mozzarella

—

100 g de jitomates
picados, enlatados

+

1 cucharadita
de orégano seco

+

2 cucharadas
de aceite de oliva

+

300 g de masa para
pizza, enharinada

→

Papel
siliconado

Hornear
a 250 °C

+

300 g de
mozzarella fresco

+

200 g de verduras
cocidas a la parrilla

→

Hornear
a 250 °C

+

4 rebanadas de
jamón serrano

+

150 g de esferas
de mozzarella fresco

+

Hojas de albahaca

Para 8 personas

Preparación: 20 min

Cocción: 11 min

53 FLAMMENKUECHE
de requesón

—

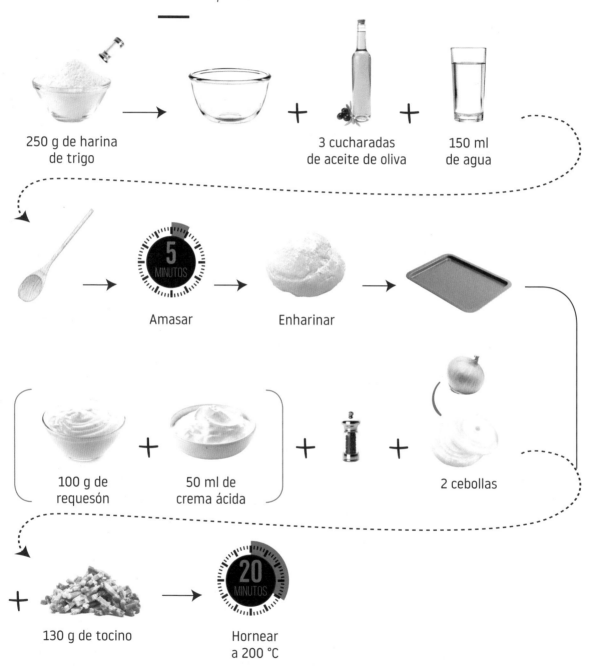

250 g de harina
de trigo

+

3 cucharadas
de aceite de oliva

+

150 ml
de agua

5
MINUTOS

Amasar

Enharinar

100 g de
requesón

+

50 ml de
crema ácida

+

+

2 cebollas

+

130 g de tocino

20
MINUTOS

Hornear
a 200 °C

Para 8 personas

Preparación: 20 min

Cocción: 20 min

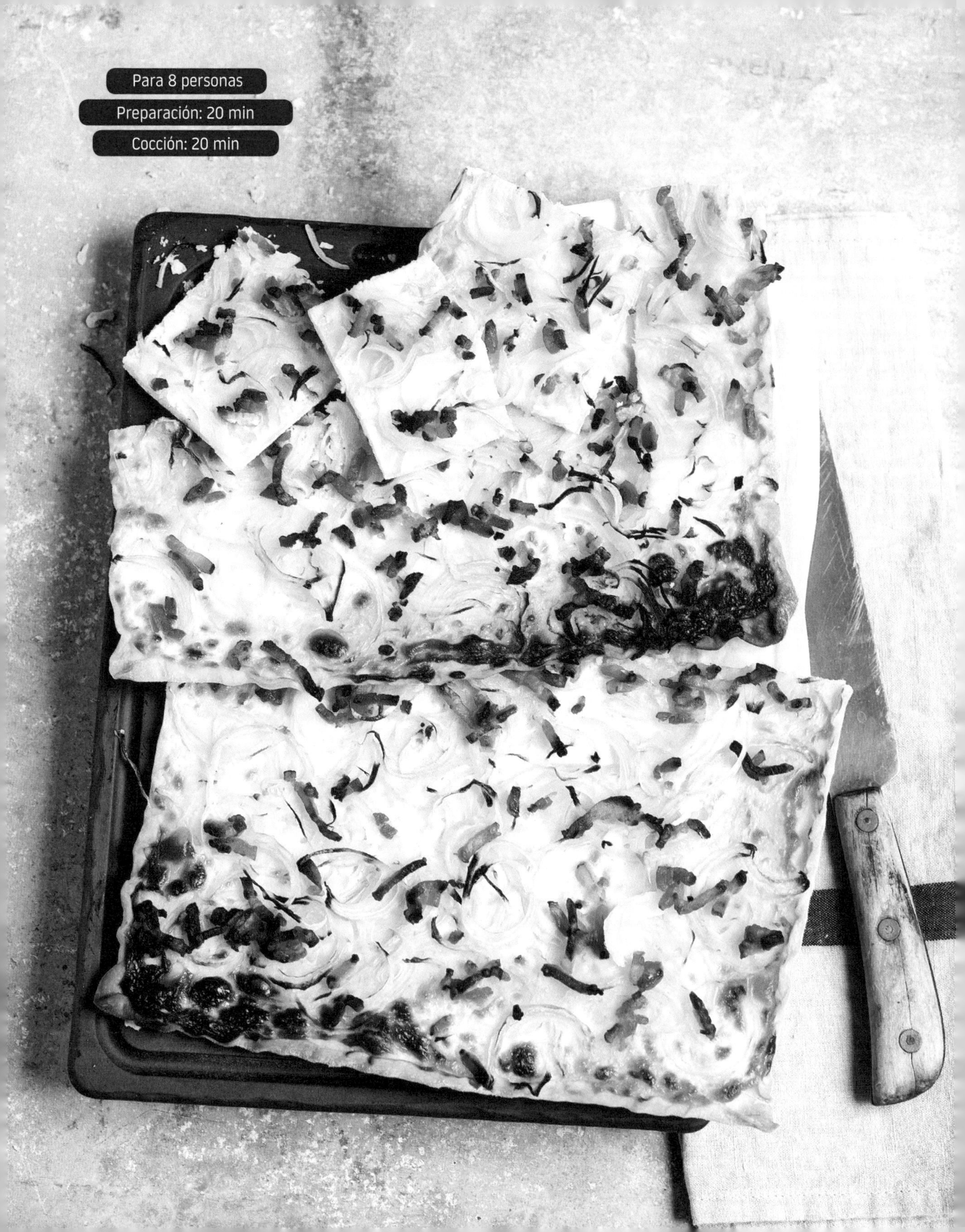

54 PASTA CON CHÍCHAROS
y tocino súper fácil
—

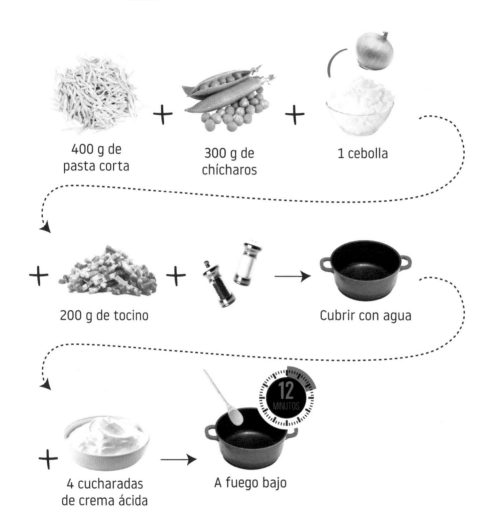

400 g de
pasta corta

300 g de
chícharos

1 cebolla

200 g de tocino

Cubrir con agua

4 cucharadas
de crema ácida

A fuego bajo

12
MINUTOS

Para 4 personas

Preparación: 5 min

Cocción: 12 min

55 JITOMATES
rellenos horneados

—

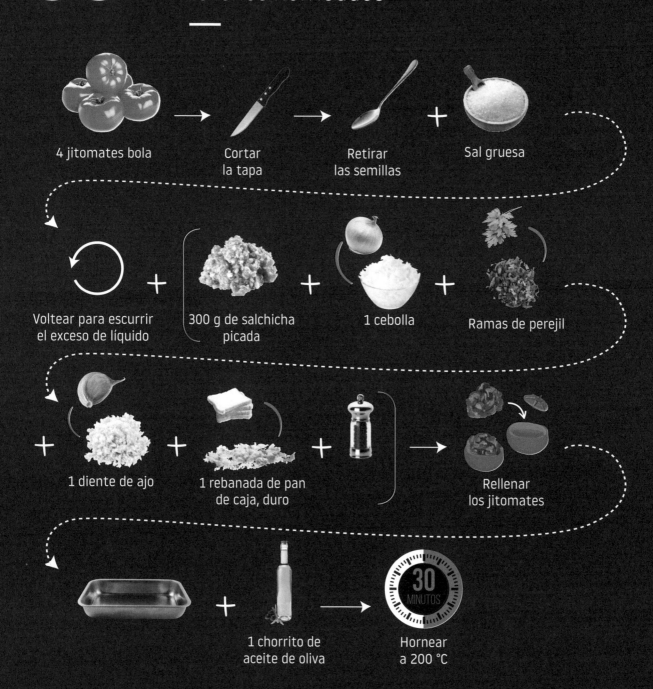

4 jitomates bola

Cortar la tapa

Retirar las semillas

Sal gruesa

Voltear para escurrir el exceso de líquido

300 g de salchicha picada

1 cebolla

Ramas de perejil

1 diente de ajo

1 rebanada de pan de caja, duro

Rellenar los jitomates

1 chorrito de aceite de oliva

30 MINUTOS

Hornear a 200 °C

Para 4 personas

Preparación: 15 min

Cocción: 30 min

56 POLLO
asado

—

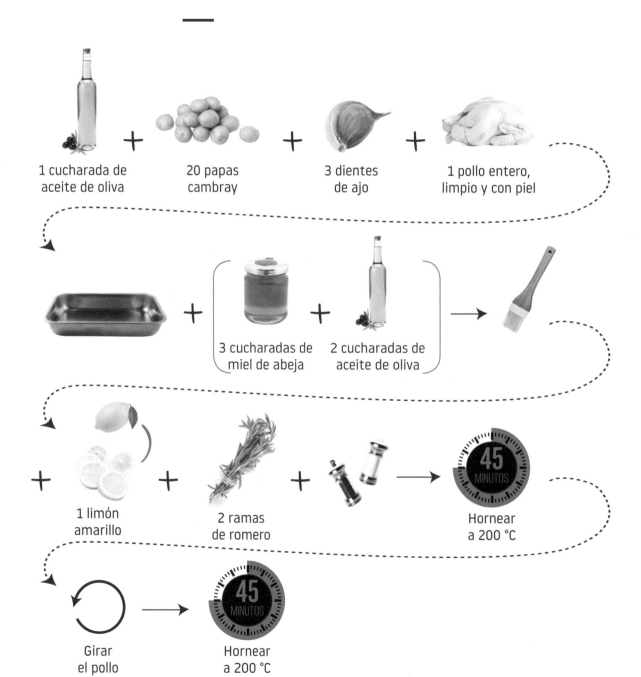

1 cucharada de aceite de oliva + 20 papas cambray + 3 dientes de ajo + 1 pollo entero, limpio y con piel

+ (3 cucharadas de miel de abeja + 2 cucharadas de aceite de oliva) →

+ 1 limón amarillo + 2 ramas de romero + → Hornear a 200 °C (45 MINUTOS)

Girar el pollo → Hornear a 200 °C (45 MINUTOS)

Para 6 personas

Preparación: 5 min

Cocción: 1 h 30 min

57 POLLO CRUJIENTE
con hojuelas de maíz

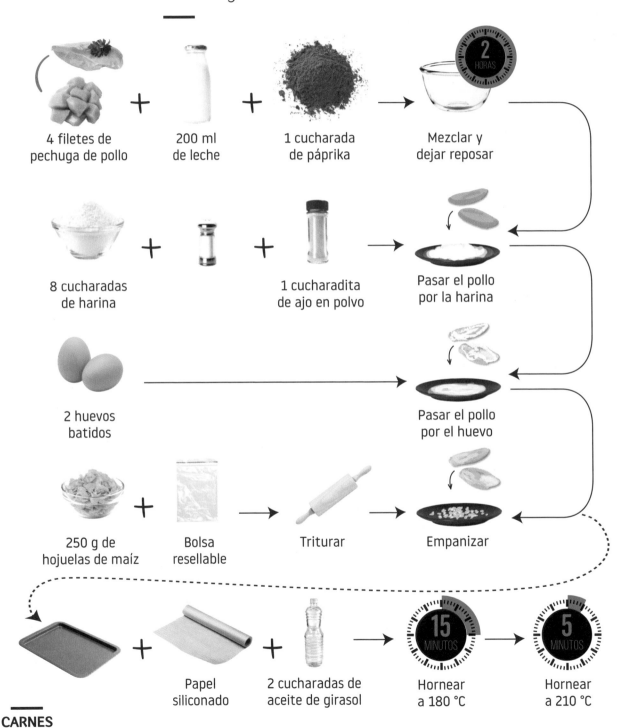

4 filetes de pechuga de pollo

+

200 ml de leche

+

1 cucharada de páprika

→ **Mezclar y dejar reposar** (2 HORAS)

8 cucharadas de harina

+

+

1 cucharadita de ajo en polvo

→ **Pasar el pollo por la harina**

2 huevos batidos

→ **Pasar el pollo por el huevo**

250 g de hojuelas de maíz

+

Bolsa resellable

→ **Triturar**

→ **Empanizar**

+

Papel siliconado

+

2 cucharadas de aceite de girasol

→ **Hornear a 180 °C** (15 MINUTOS)

→ **Hornear a 210 °C** (5 MINUTOS)

58 PIERNAS DE POLLO
laqueadas con miel, limón y cilantro

—

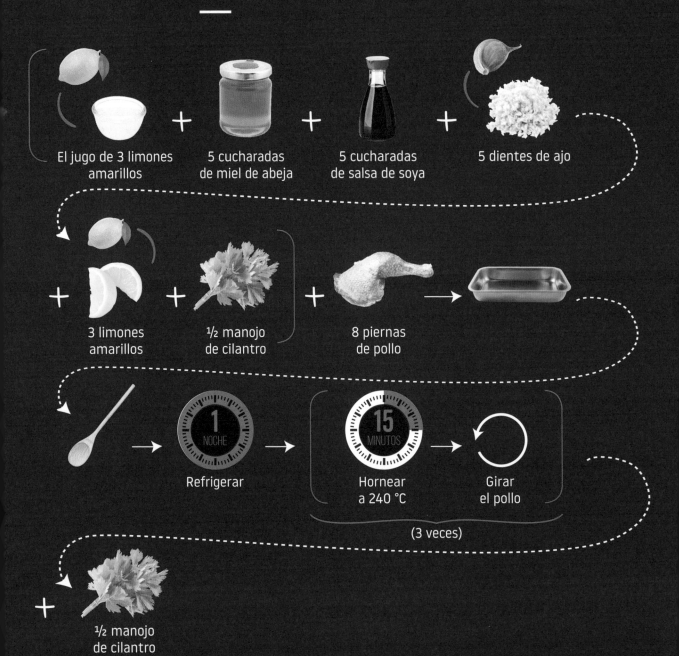

El jugo de 3 limones amarillos

+

5 cucharadas de miel de abeja

+

5 cucharadas de salsa de soya

+

5 dientes de ajo

+

3 limones amarillos

+

½ manojo de cilantro

+

8 piernas de pollo

1 NOCHE
Refrigerar

15 MINUTOS
Hornear a 240 °C

Girar el pollo

(3 veces)

+

½ manojo de cilantro

Para 8 personas

Preparación: 15 min

Refrigeración: 12 h

Cocción: 45 min

59

CURRY ROJO
con pollo y leche de coco

800 g de filetes
de pechuga de pollo

+

2 cucharaditas de
curry rojo, en pasta

+

2 cucharadas
de aceite de oliva

5 MINUTOS

A fuego alto

+

+

300 ml de leche
de coco

2 cucharaditas de
curry rojo, en pasta

10 MINUTOS

A fuego bajo

+

½ manojo de
cilantro picado

+

½ limón amarillo
en cubos

60 WRAPS
de pollo especiado

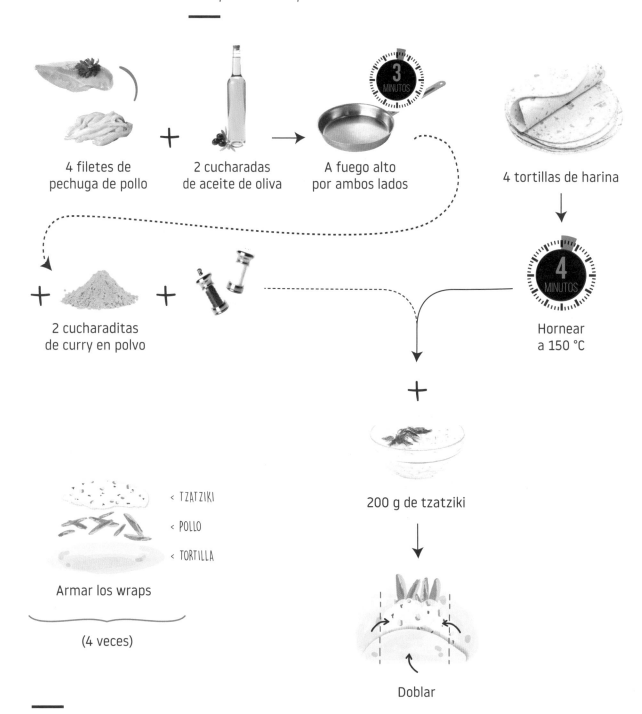

4 filetes de
pechuga de pollo

+

2 cucharadas
de aceite de oliva

→

3 MINUTOS

A fuego alto
por ambos lados

4 tortillas de harina

+

2 cucharaditas
de curry en polvo

+

4 MINUTOS

Hornear
a 150 °C

+

200 g de tzatziki

< TZATZIKI
< POLLO
< TORTILLA

Armar los wraps

(4 veces)

Doblar

61 TAJINE DE POLLO
y dátiles
—

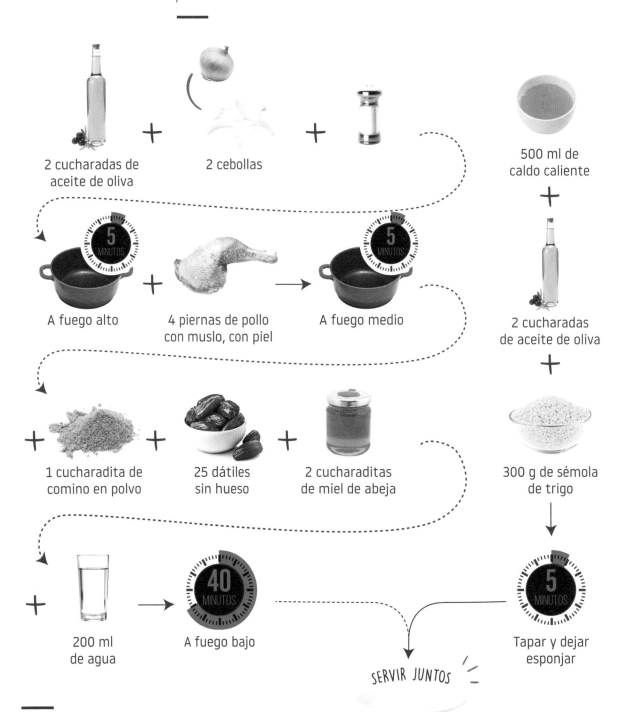

2 cucharadas de
aceite de oliva

2 cebollas

500 ml de
caldo caliente

+

A fuego alto

4 piernas de pollo
con muslo, con piel

A fuego medio

2 cucharadas
de aceite de oliva

+

+

1 cucharadita de
comino en polvo

25 dátiles
sin hueso

2 cucharaditas
de miel de abeja

300 g de sémola
de trigo

+

200 ml
de agua

A fuego bajo

SERVIR JUNTOS

Tapar y dejar
esponjar

62 POLLO

vasco

—

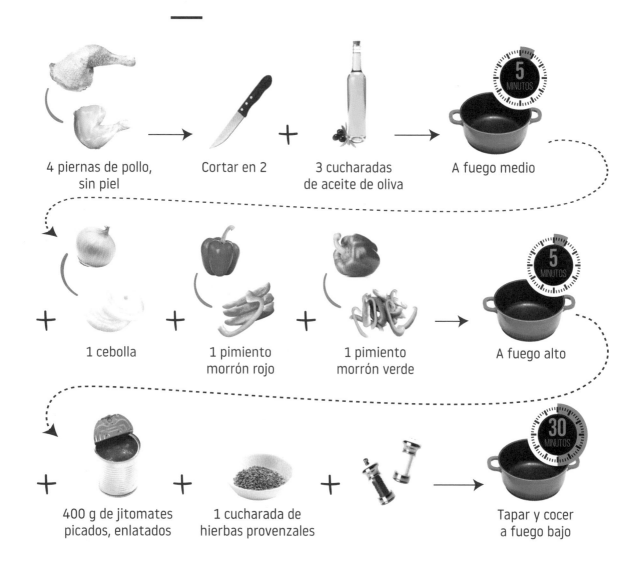

4 piernas de pollo,
sin piel

Cortar en 2

3 cucharadas
de aceite de oliva

A fuego medio

5 MINUTOS

+ 1 cebolla

+ 1 pimiento
morrón rojo

+ 1 pimiento
morrón verde

A fuego alto

5 MINUTOS

+ 400 g de jitomates
picados, enlatados

+ 1 cucharada de
hierbas provenzales

+ Tapar y cocer
a fuego bajo

30 MINUTOS

Para 4 personas

Preparación: 10 min

Cocción: 40 min

63

BROCHETAS
de pollo tandoori

—

150 g de yogur natural

+

3 cucharadas de jugo de limón amarillo

+

1 cucharada de *tandoori masala*

+

+

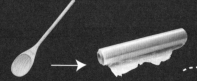

1 pechuga de pollo

Plástico autoadherente

Refrigerar

Colocar 4 cubos de pollo por brocheta

Hornear a 210 °C

Girar las brochetas

(5 veces)

Para 4 personas

Preparación: 10 min

Refrigeración: 20 min

Cocción: 25 min

64 ENSALADA DE PAVO
con frutos secos
—

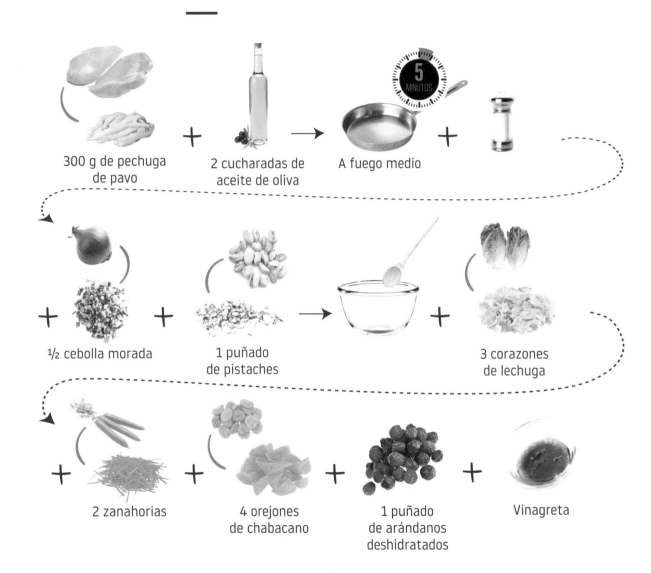

300 g de pechuga
de pavo

2 cucharadas de
aceite de oliva

A fuego medio

5 MINUTOS

½ cebolla morada

1 puñado
de pistaches

3 corazones
de lechuga

2 zanahorias

4 orejones
de chabacano

1 puñado
de arándanos
deshidratados

Vinagreta

65 PARMENTIER
de confit de pato

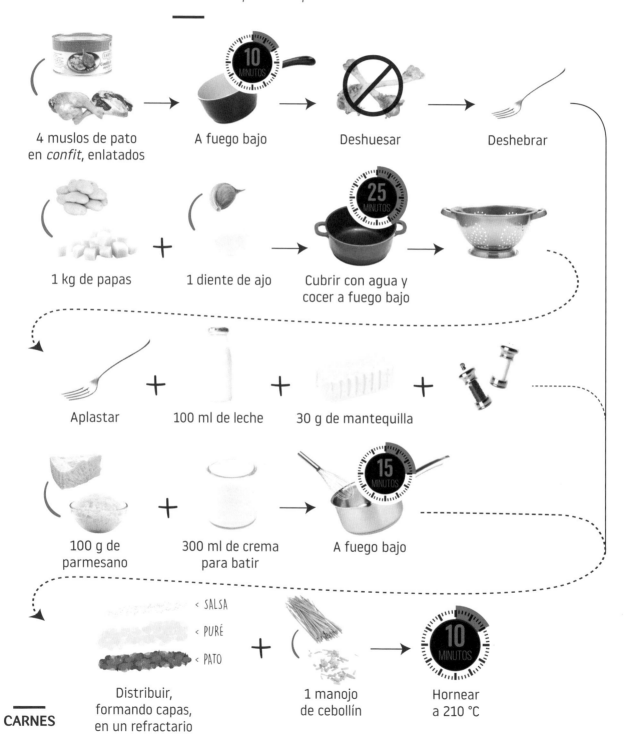

4 muslos de pato
en *confit*, enlatados

A fuego bajo

Deshuesar

Deshebrar

1 kg de papas

+

1 diente de ajo

Cubrir con agua y
cocer a fuego bajo

Aplastar

+

100 ml de leche

+

30 g de mantequilla

+

100 g de
parmesano

+

300 ml de crema
para batir

A fuego bajo

< SALSA
< PURÉ
< PATO

Distribuir,
formando capas,
en un refractario

+

1 manojo
de cebollín

Hornear
a 210 °C

Para 6 personas

Preparación: 20 min

Cocción: 45 min

66 CAZUELA DE PATO
a la naranja y miel
—

1 cebolla

+

2 cucharadas
de aceite de oliva

→

A fuego medio

+

500 g de *magret*
de pato

A fuego alto

+

El jugo de
2 naranjas

+

½ cubo de caldo
de res desmoronado

+

2 cucharadas
de miel de abeja

+

La ralladura
de ½ naranja

+

250 ml de agua

→

Tapar y cocer
a fuego bajo

Para 4 personas

Preparación: 15 min

Cocción: 35 min

67 CURRY ROJO
de pato

—

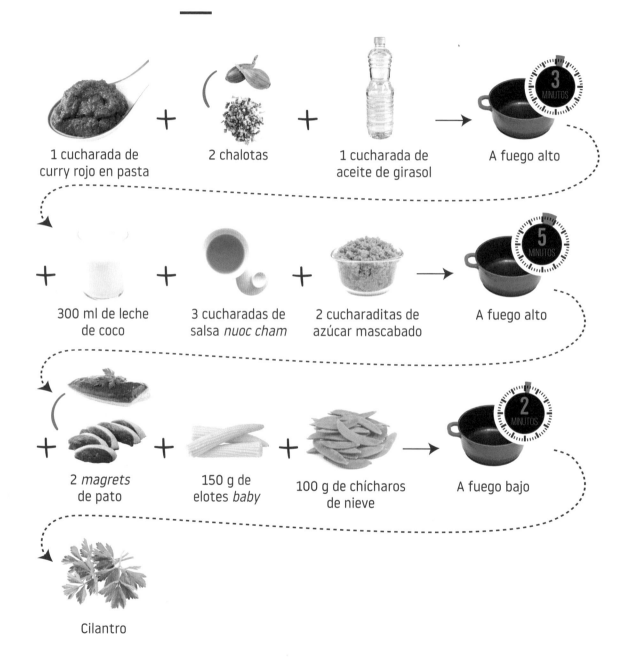

1 cucharada de
curry rojo en pasta

2 chalotas

1 cucharada de
aceite de girasol

A fuego alto

3 MINUTOS

300 ml de leche
de coco

3 cucharadas de
salsa *nuoc cham*

2 cucharaditas de
azúcar mascabado

A fuego alto

5 MINUTOS

2 *magrets*
de pato

150 g de
elotes *baby*

100 g de chícharos
de nieve

A fuego bajo

2 MINUTOS

Cilantro

68 ENSALADA DE SALMÓN

con cítricos

—

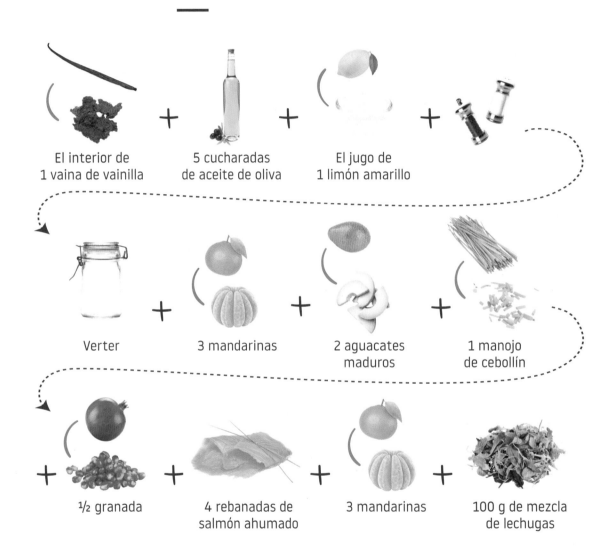

El interior de
1 vaina de vainilla

5 cucharadas
de aceite de oliva

El jugo de
1 limón amarillo

Verter

3 mandarinas

2 aguacates
maduros

1 manojo
de cebollín

½ granada

4 rebanadas de
salmón ahumado

3 mandarinas

100 g de mezcla
de lechugas

Para 4 personas

Preparación: 20 min

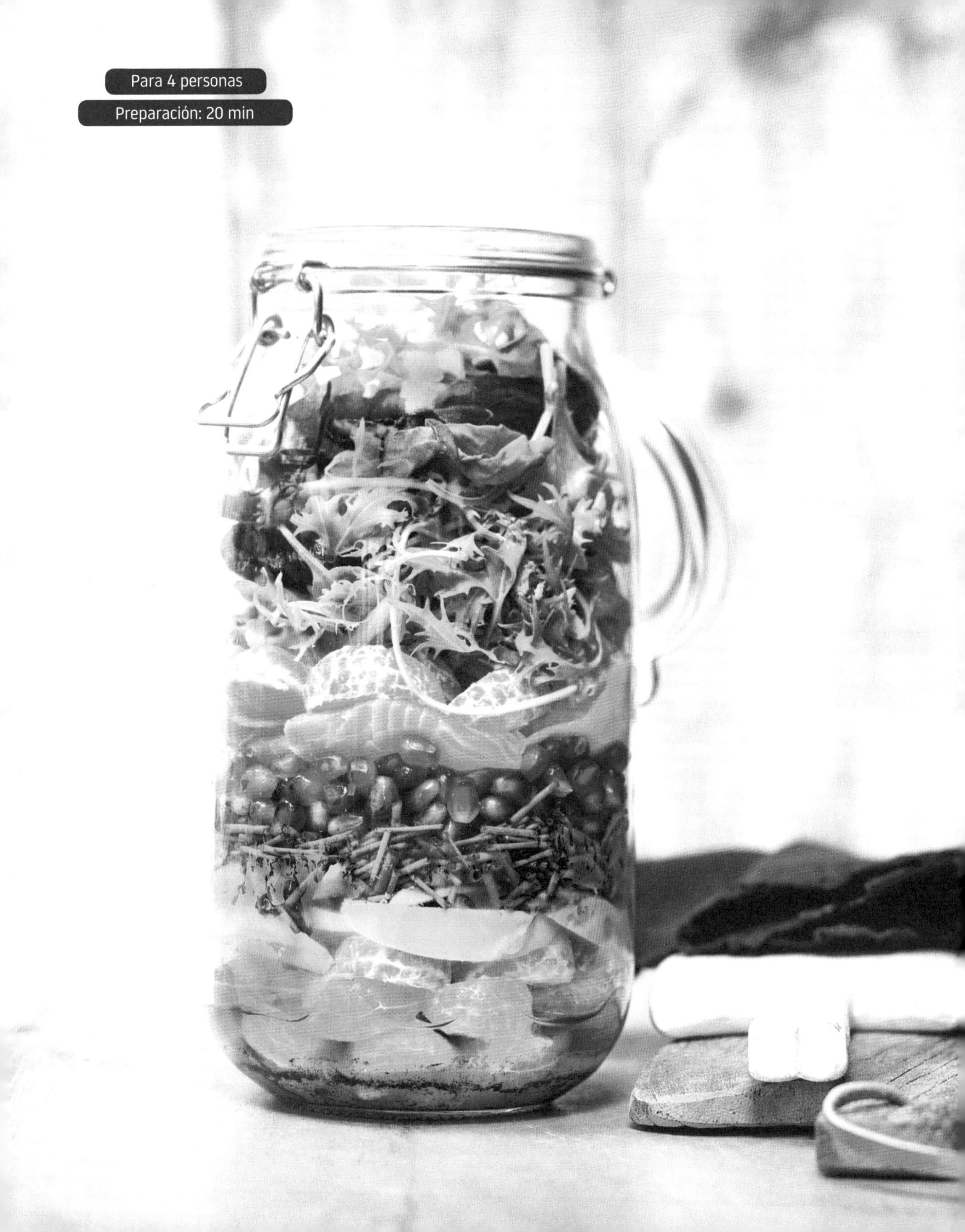

69

DUMPLINGS
de pescado y cebolla

300 g de filete
de pescado blanco

+

3 cebollas
cambray

+

1 cucharadita
de chile verde,
en polvo

+

1 cucharadita
de salsa
nuoc cham

Picar

20 discos de pasta
para *dumplings*

+

20 esferas

→

Formar los *dumplings*
pellizcando los discos
en la parte superior

→

Vaporera de bambú
con papel encerado con
pequeños orificios

Agua
hirviendo

→

Tapar y cocer
a fuego medio

5 MINUTOS

Para 20 personas

Preparación: 30 min

Cocción: 5 min

70

SALMÓN
con papas y eneldo
—

1 kg de papas cambray → Rebanar sin atravesar la base + 4 cucharadas de aceite de oliva →

Papel siliconado + + 4 ramas de eneldo → Hornear a 200 °C **15 MINUTOS**

+ 1 filete de 800 g de salmón, con piel + El jugo de ½ limón amarillo + 1 chorrito de aceite de oliva → Hornear a 180 °C **20 MINUTOS**

+ 200 ml de crema ácida + La ralladura de ½ limón amarillo + + 1 cucharadita de pimientas rosas + Eneldo

Para 4 personas

Preparación: 20 min

Cocción: 35 min

71

POKE
bowl
—

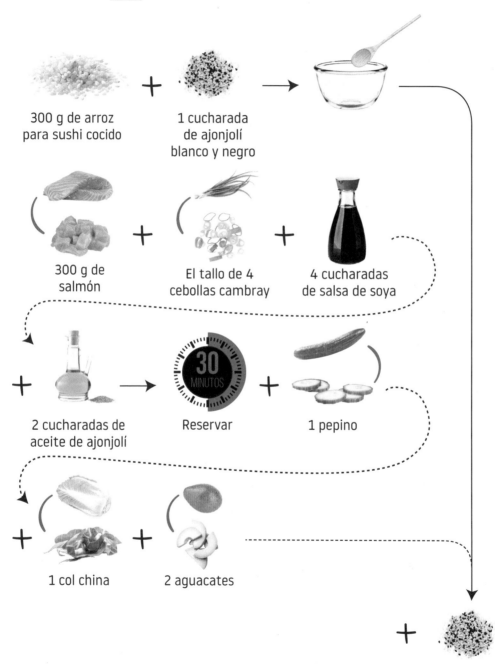

300 g de arroz
para sushi cocido

1 cucharada
de ajonjolí
blanco y negro

300 g de
salmón

El tallo de 4
cebollas cambray

4 cucharadas
de salsa de soya

2 cucharadas de
aceite de ajonjolí

Reservar

30 MINUTOS

1 pepino

1 col china

2 aguacates

1 cucharada de ajonjolí
blanco y negro

72 ESTOFADO
de salmón y poro

 800 g de poro

 Cubrir con agua y cocer a fuego medio

15 MINUTOS

 800 g de salmón

+

 750 ml de agua

+

 100 ml de vino blanco

+

 A fuego bajo

3 MINUTOS

 2 chalotas

+

 20 g de mantequilla

 A fuego alto

3 MINUTOS

+

 1 yema

+

 300 ml de crema para batir

Para 4 personas
Preparación: 10 min
Cocción: 15 min

73 PASTA ROTELLE
con salmón

—

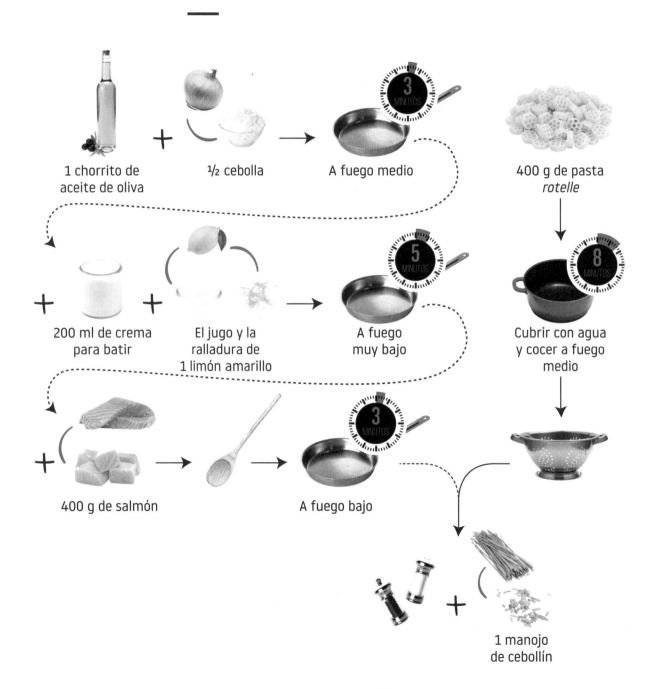

1 chorrito de
aceite de oliva

½ cebolla

A fuego medio

400 g de pasta
rotelle

200 ml de crema
para batir

El jugo y la
ralladura de
1 limón amarillo

A fuego
muy bajo

Cubrir con agua
y cocer a fuego
medio

400 g de salmón

A fuego bajo

1 manojo
de cebollín

Para 4 personas

Preparación: 15 min

Cocción: 11 min

74 PIZZA BLANCA
con salmón ahumado
—

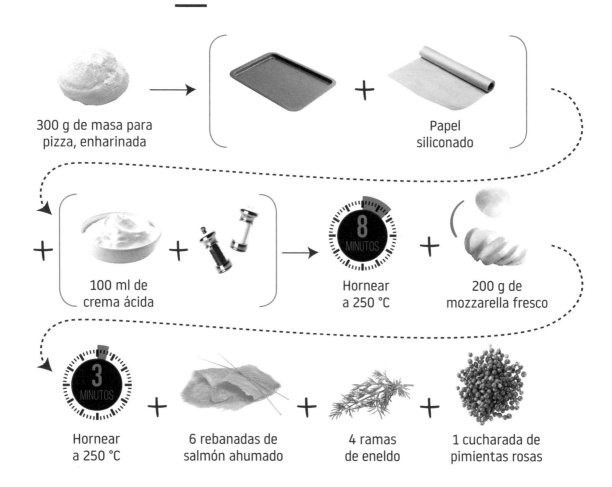

300 g de masa para
pizza, enharinada

Papel
siliconado

+ 100 ml de
crema ácida

+

Hornear
a 250 °C

+ 200 g de
mozzarella fresco

Hornear
a 250 °C

+ 6 rebanadas de
salmón ahumado

+ 4 ramas
de eneldo

+ 1 cucharada de
pimientas rosas

Para 8 personas

Preparación: 40 min

Cocción: 11 min

75 TAJINE
de salmón

—

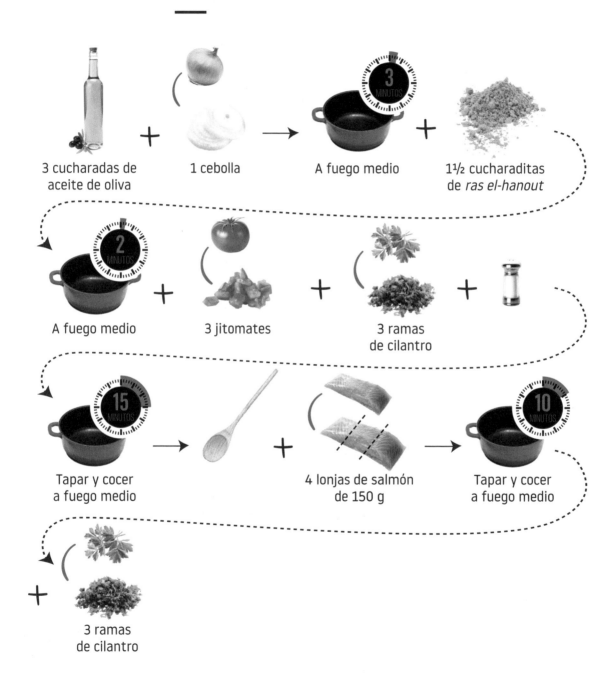

3 cucharadas de
aceite de oliva

1 cebolla

A fuego medio

3
MINUTOS

1½ cucharaditas
de *ras el-hanout*

2
MINUTOS

A fuego medio

3 jitomates

3 ramas
de cilantro

15
MINUTOS

Tapar y cocer
a fuego medio

4 lonjas de salmón
de 150 g

10
MINUTOS

Tapar y cocer
a fuego medio

3 ramas
de cilantro

Para 4 personas
Preparación: 10 min
Cocción: 30 min

76 LASAÑA
de trucha y espinacas
—

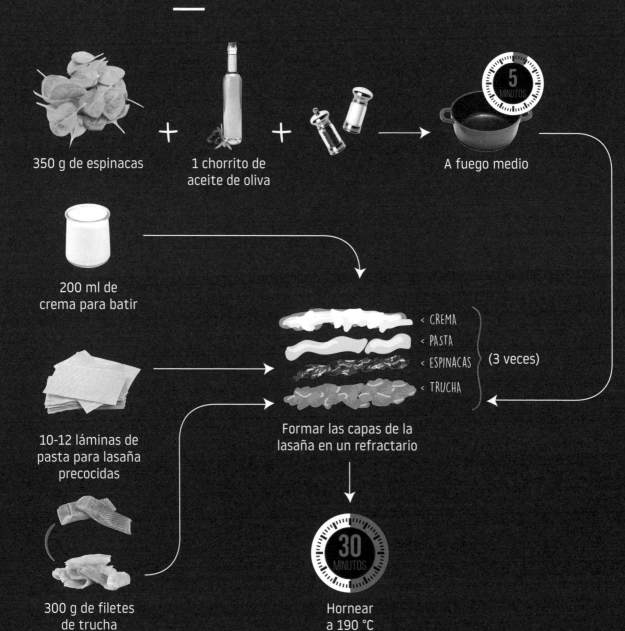

350 g de espinacas

+

1 chorrito de aceite de oliva

+

A fuego medio

5 MINUTOS

200 ml de crema para batir

CREMA >
PASTA >
ESPINACAS >   } (3 veces)
TRUCHA >

10-12 láminas de pasta para lasaña precocidas

Formar las capas de la lasaña en un refractario

300 g de filetes de trucha

30 MINUTOS

Hornear a 190 °C

77 ATÚN SELLADO
con ajonjolí y ejotes
—

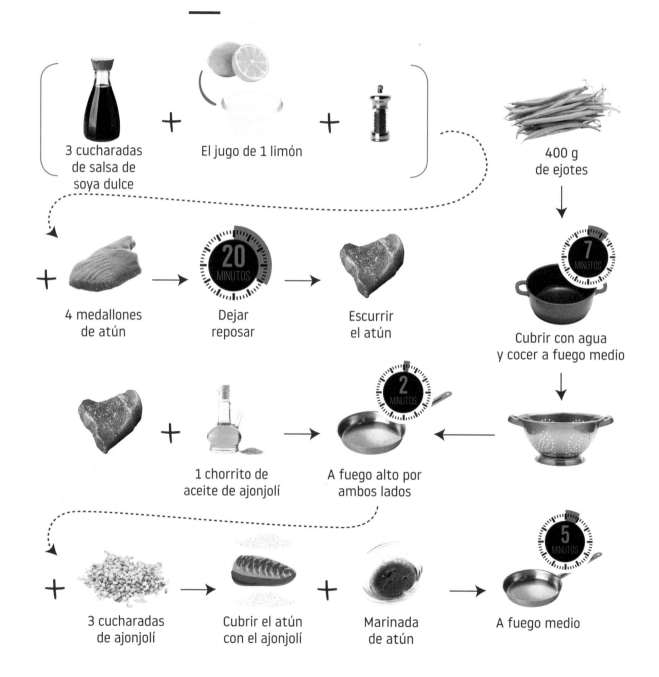

3 cucharadas
de salsa de
soya dulce

+

El jugo de 1 limón

+

400 g
de ejotes

+

4 medallones
de atún

→

20 MINUTOS

Dejar
reposar

→

Escurrir
el atún

7 MINUTOS

Cubrir con agua
y cocer a fuego medio

+

1 chorrito de
aceite de ajonjolí

→

2 MINUTOS

A fuego alto por
ambos lados

←

+

3 cucharadas
de ajonjolí

→

Cubrir el atún
con el ajonjolí

+

Marinada
de atún

→

5 MINUTOS

A fuego medio

Para 4 personas

Preparación: 15 min

Reposo: 20 min

Cocción: 12 min

78 PESCADO POCHADO
con especias

—

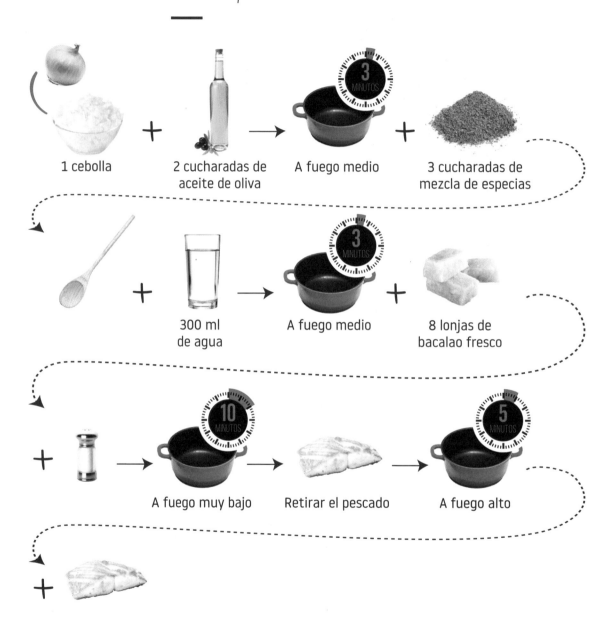

1 cebolla

$+$

2 cucharadas de aceite de oliva

A fuego medio

$+$

3 cucharadas de mezcla de especias

$+$

300 ml de agua

A fuego medio

$+$

8 lonjas de bacalao fresco

$+$

A fuego muy bajo

Retirar el pescado

A fuego alto

$+$

Para 8 personas

Preparación: 15 min

Cocción: 21 min

79 BRANDADA
de bacalao

—

 1 l de agua

+

 1 l de leche

→

 A fuego alto

+

 600 g de bacalao fresco

+

 Tomillo

→

 A fuego muy bajo

→

 Desmenuzar

 1 diente de ajo

+

 600 g de papas

→

 A fuego medio

→

 Aplastar

+

1 chorrito de aceite de oliva

Para 8 personas
Preparación: 15 min
Cocción: 20 min

80

FISH
and chips
—

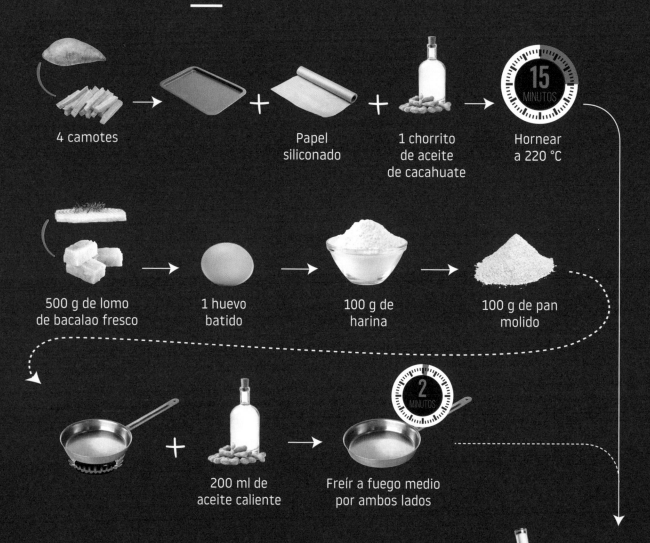

4 camotes

Papel
siliconado

1 chorrito
de aceite
de cacahuate

15 MINUTOS

Hornear
a 220 °C

500 g de lomo
de bacalao fresco

1 huevo
batido

100 g de
harina

100 g de pan
molido

200 ml de
aceite caliente

Freír a fuego medio
por ambos lados

2 MINUTOS

SERVIR JUNTOS

Para 4 personas

Preparación: 15 min

Cocción: 15 min

81 CURRY DE BACALAO
con garam masala
—

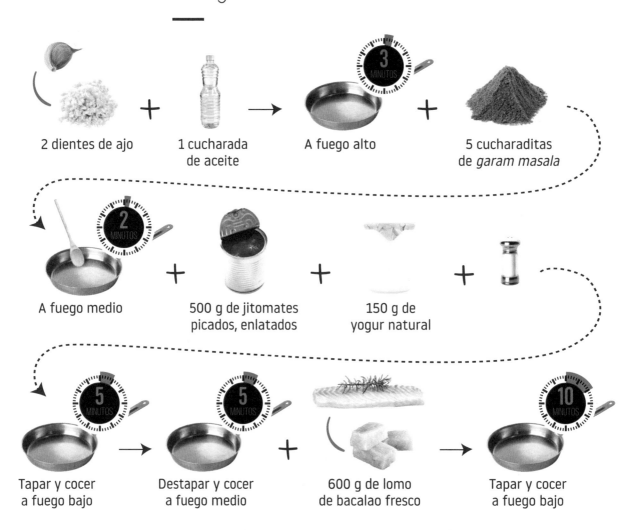

2 dientes de ajo

1 cucharada de aceite

A fuego alto

5 cucharaditas de *garam masala*

A fuego medio

500 g de jitomates picados, enlatados

150 g de yogur natural

Tapar y cocer a fuego bajo

Destapar y cocer a fuego medio

600 g de lomo de bacalao fresco

Tapar y cocer a fuego bajo

82 BACALAO POCHADO
en leche de coco con espinacas

—

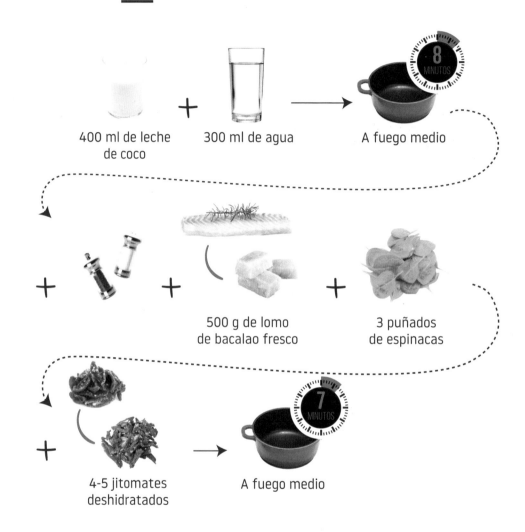

400 ml de leche
de coco

300 ml de agua

A fuego medio

8 MINUTOS

500 g de lomo
de bacalao fresco

3 puñados
de espinacas

4-5 jitomates
deshidratados

A fuego medio

7 MINUTOS

2 naranjas

Las supremas
de los dos cítricos

4 filetes de
pescado blanco

Papel
encerado

Armar los *papillotes*

Cerrar los *papillotes*

Hornear
a 180 °C

(4 veces)

PESCADOS Y MARISCOS

Para 4 personas

Preparación: 10 min

Cocción: 15 min

84 CEVICHE
de merluza

—

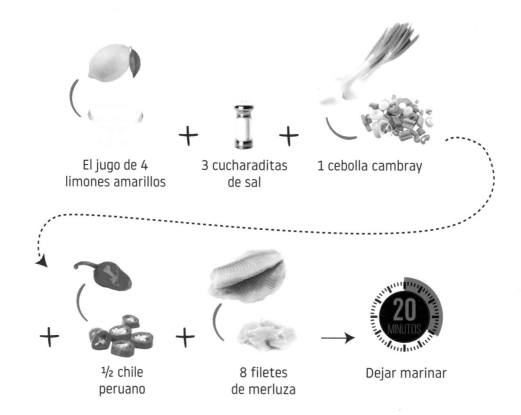

El jugo de 4 limones amarillos

+

3 cucharaditas de sal

+

1 cebolla cambray

+

½ chile peruano

+

8 filetes de merluza

→

20 MINUTOS

Dejar marinar

Para 8 personas

Preparación: 15 min

Marinación: 20 min

85 LOMO DE MERLUZA
en costra de semillas
—

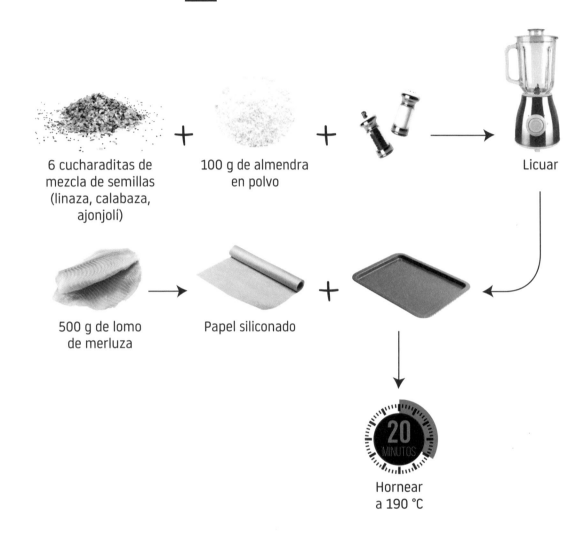

6 cucharaditas de
mezcla de semillas
(linaza, calabaza,
ajonjolí)

+

100 g de almendra
en polvo

+

Licuar

500 g de lomo
de merluza

Papel siliconado

+

20 MINUTOS

Hornear
a 190 °C

86

PEZ ESPADA ASADO
con salsa de perejil y ensalada

—

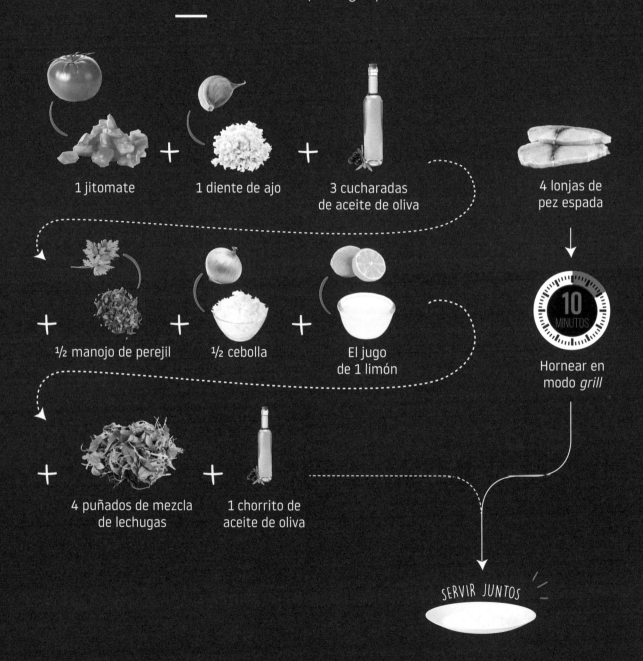

1 jitomate

+

1 diente de ajo

+

3 cucharadas
de aceite de oliva

4 lonjas de
pez espada

+

½ manojo de perejil

+

½ cebolla

+

El jugo
de 1 limón

10 MINUTOS

Hornear en
modo *grill*

+

4 puñados de mezcla
de lechugas

+

1 chorrito de
aceite de oliva

SERVIR JUNTOS

Para 4 personas

Preparación: 15 min

Cocción: 10 min

87 CAZUELA DE RAPE
con papas y jamón
—

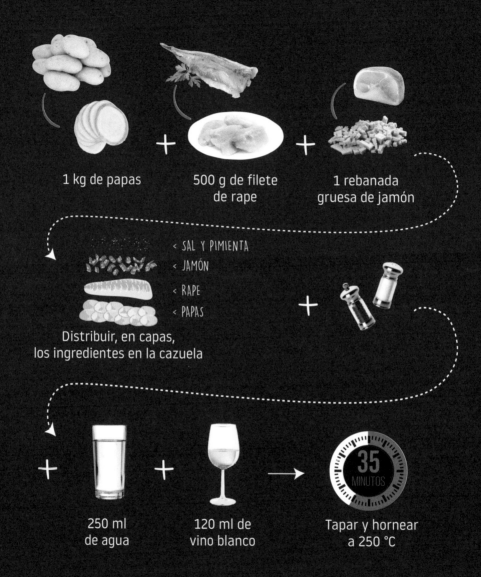

1 kg de papas

500 g de filete
de rape

1 rebanada
gruesa de jamón

< SAL Y PIMIENTA
< JAMÓN
< RAPE
< PAPAS

Distribuir, en capas,
los ingredientes en la cazuela

250 ml
de agua

120 ml de
vino blanco

35 MINUTOS

Tapar y hornear
a 250 °C

88 MERLUZA

en salsa verde de hierbas

—

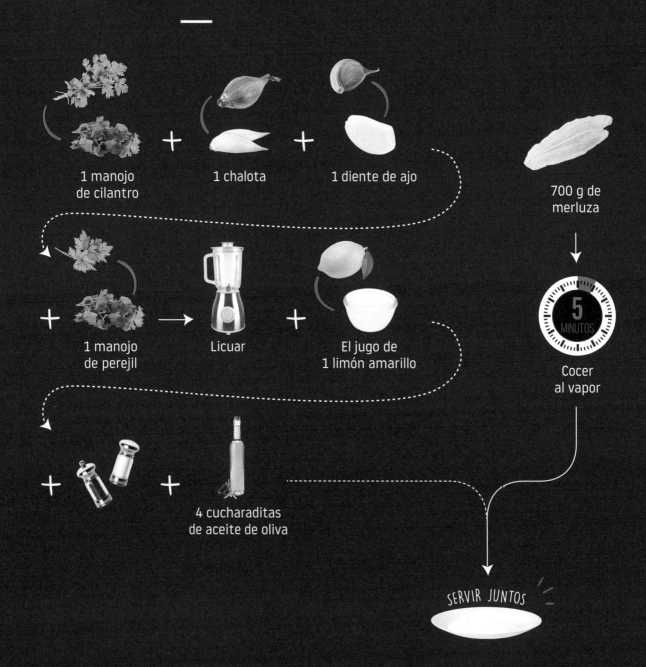

1 manojo
de cilantro

+

1 chalota

+

1 diente de ajo

700 g de
merluza

+

1 manojo
de perejil

Licuar

+

El jugo de
1 limón amarillo

5
MINUTOS

Cocer
al vapor

+

+

4 cucharaditas
de aceite de oliva

SERVIR JUNTOS

89 PASTA
con pescado y limón amarillo

—

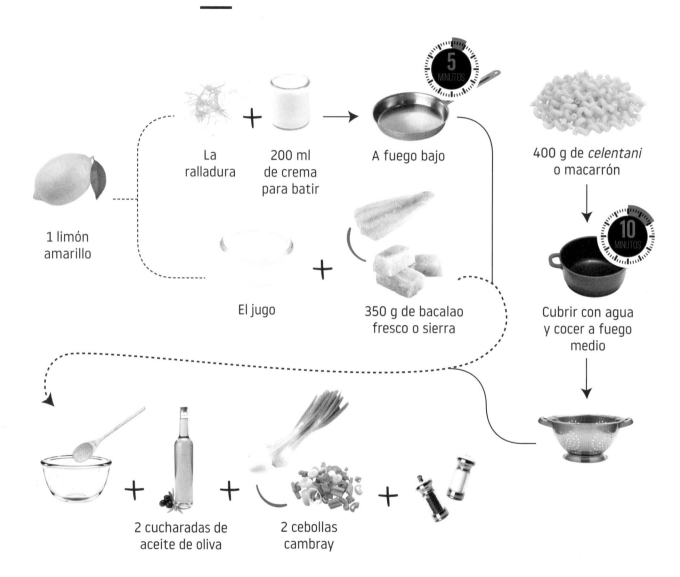

1 limón
amarillo

La
ralladura

+

200 ml
de crema
para batir

→

5 MINUTOS

A fuego bajo

400 g de *celentani*
o macarrón

10 MINUTOS

Cubrir con agua
y cocer a fuego
medio

El jugo

+

350 g de bacalao
fresco o sierra

+

2 cucharadas de
aceite de oliva

+

2 cebollas
cambray

+

Para 4 personas

Preparación: 15 min

Cocción: 10 min

90

CUSCÚS
de dorado

—

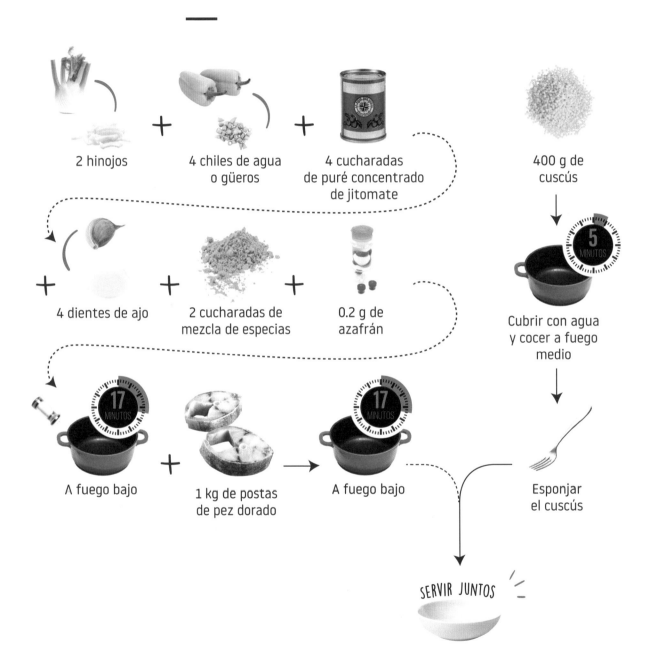

2 hinojos

+

4 chiles de agua
o güeros

+

4 cucharadas
de puré concentrado
de jitomate

400 g de
cuscús

+

4 dientes de ajo

+

2 cucharadas de
mezcla de especias

+

0.2 g de
azafrán

5
MINUTOS

Cubrir con agua
y cocer a fuego
medio

17
MINUTOS

A fuego bajo

+

1 kg de postas
de pez dorado

17
MINUTOS

A fuego bajo

Esponjar
el cuscús

SERVIR JUNTOS

91 DORADO CON JITOMATES
cherry y pasta
—

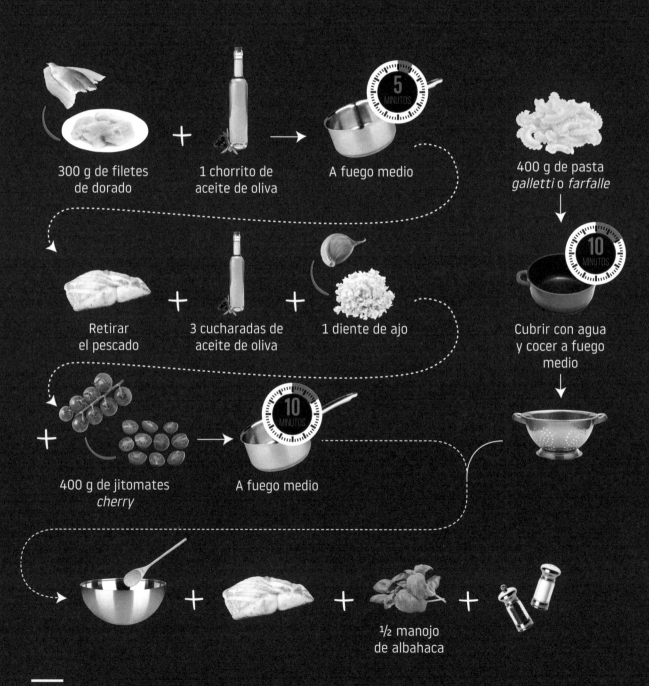

300 g de filetes
de dorado

1 chorrito de
aceite de oliva

A fuego medio

5 MINUTOS

400 g de pasta
galletti o *farfalle*

Retirar
el pescado

3 cucharadas de
aceite de oliva

1 diente de ajo

10 MINUTOS

Cubrir con agua
y cocer a fuego
medio

400 g de jitomates
cherry

A fuego medio

10 MINUTOS

½ manojo
de albahaca

Para 4 personas
Preparación: 15 min
Cocción: 15 min

92 PARMENTIER
de merluza con zanahorias

—

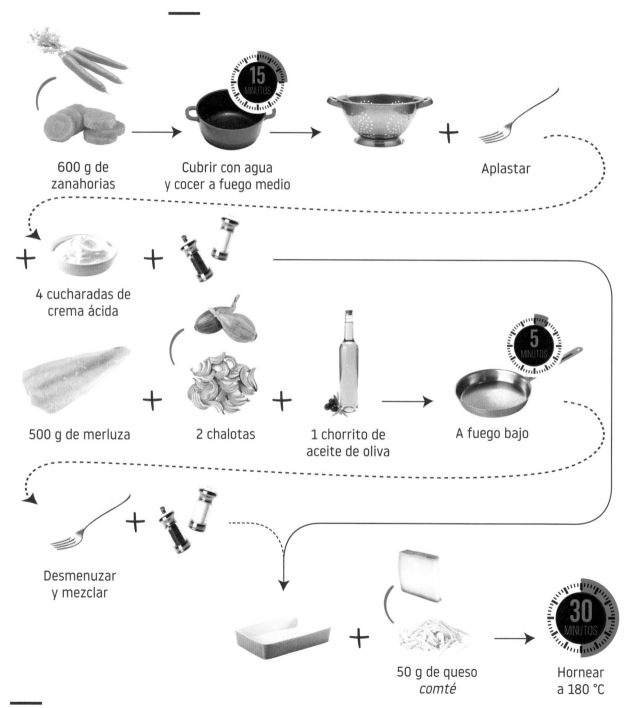

600 g de zanahorias

15 MINUTOS

Cubrir con agua y cocer a fuego medio

Aplastar

+

+ 4 cucharadas de crema ácida

+

500 g de merluza

+ 2 chalotas

+ 1 chorrito de aceite de oliva

5 MINUTOS

A fuego bajo

Desmenuzar y mezclar

+

50 g de queso *comté*

30 MINUTOS

Hornear a 180 °C

Para 4 personas

Preparación: 25 min

Cocción: 50 min

93 ALBÓNDIGAS
de bacalao antillano

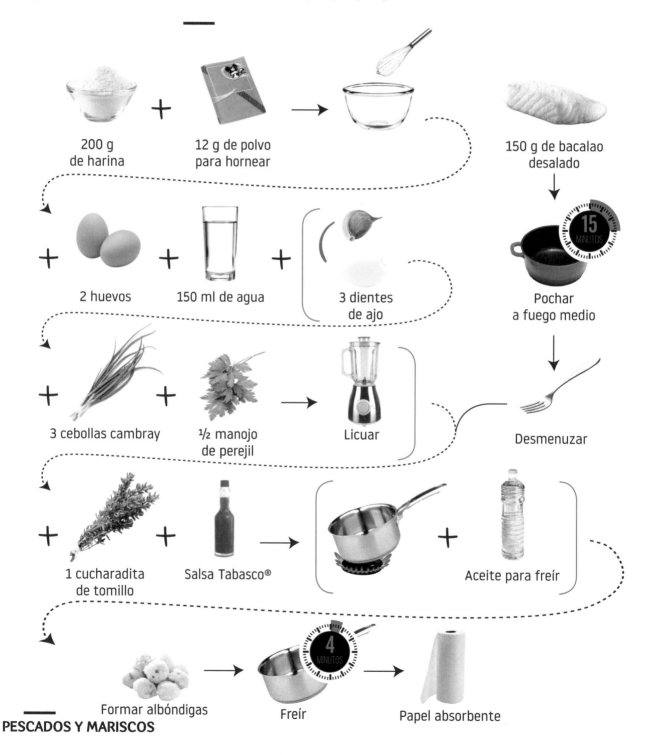

200 g
de harina

12 g de polvo
para hornear

150 g de bacalao
desalado

2 huevos

150 ml de agua

3 dientes
de ajo

15 MINUTOS

Pochar
a fuego medio

3 cebollas cambray

½ manojo
de perejil

Licuar

Desmenuzar

1 cucharadita
de tomillo

Salsa Tabasco®

Aceite para freír

Formar albóndigas

4 MINUTOS

Freír

Papel absorbente

94 ANCHOAS
con jitomates cherry, ajo y orégano
—

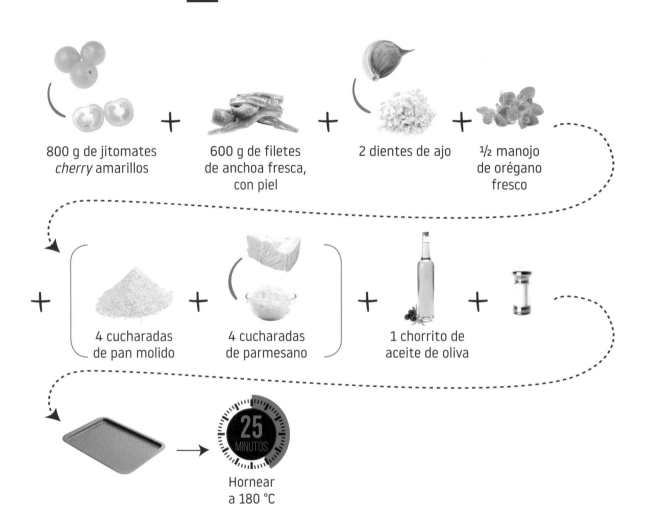

800 g de jitomates *cherry* amarillos

\+

600 g de filetes de anchoa fresca, con piel

\+

2 dientes de ajo

\+

½ manojo de orégano fresco

\+

4 cucharadas de pan molido

\+

4 cucharadas de parmesano

\+

1 chorrito de aceite de oliva

\+

25 MINUTOS

Hornear a 180 °C

PAPPARDELLE

con sardinas

—

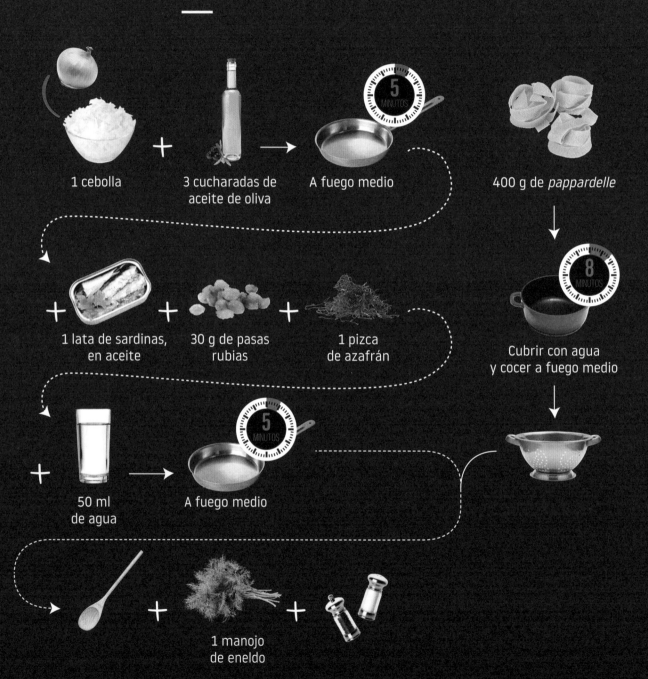

1 cebolla

3 cucharadas de
aceite de oliva

A fuego medio

5 MINUTOS

400 g de *pappardelle*

8 MINUTOS

Cubrir con agua
y cocer a fuego medio

1 lata de sardinas,
en aceite

30 g de pasas
rubias

1 pizca
de azafrán

50 ml
de agua

A fuego medio

5 MINUTOS

1 manojo
de eneldo

Para 4 personas

Preparación: 15 min

Cocción: 10 min

96 EMPANADAS
de sardinas

—

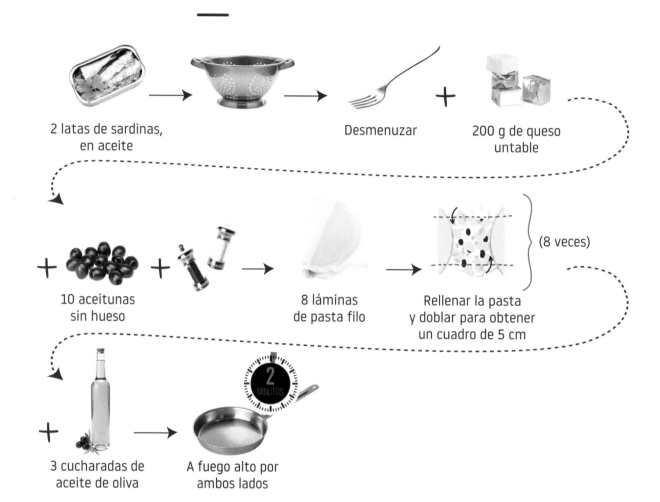

2 latas de sardinas,
en aceite

Desmenuzar

+ 200 g de queso
untable

+ 10 aceitunas
sin hueso

+ 8 láminas
de pasta filo

Rellenar la pasta
y doblar para obtener
un cuadro de 5 cm

} (8 veces)

+ 3 cucharadas de
aceite de oliva

2 MINUTOS

A fuego alto por
ambos lados

97 ENSALADA
bo bun

—

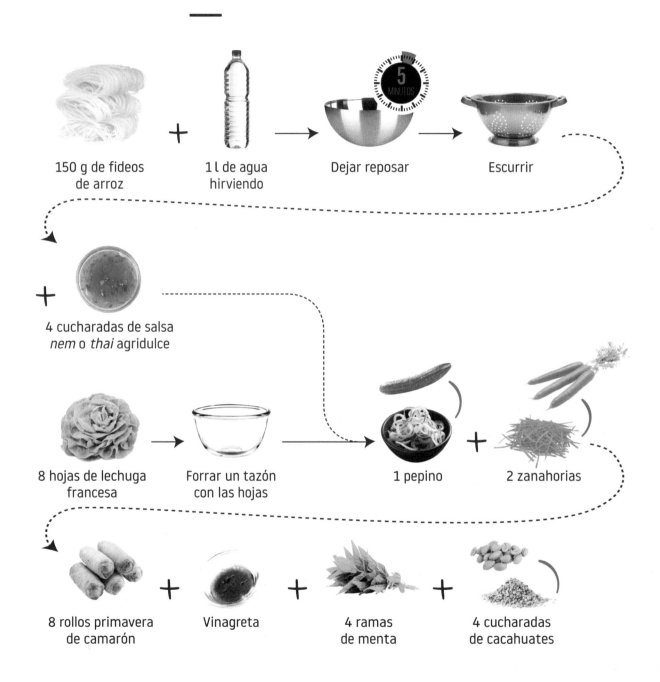

150 g de fideos
de arroz

+

1 l de agua
hirviendo

Dejar reposar

Escurrir

+

4 cucharadas de salsa
nem o *thai* agridulce

8 hojas de lechuga
francesa

Forrar un tazón
con las hojas

1 pepino

+

2 zanahorias

8 rollos primavera
de camarón

+

Vinagreta

+

4 ramas
de menta

+

4 cucharadas
de cacahuates

98

WONTONS
de camarón

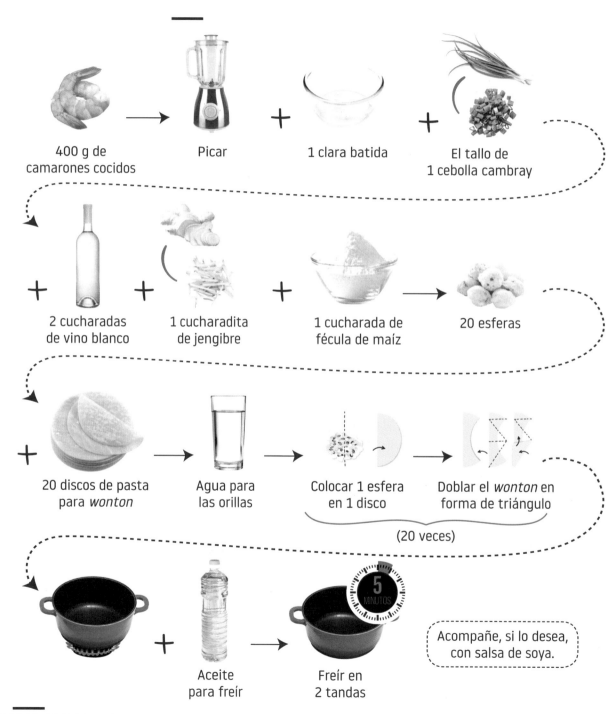

400 g de
camarones cocidos

Picar

1 clara batida

El tallo de
1 cebolla cambray

2 cucharadas
de vino blanco

1 cucharadita
de jengibre

1 cucharada de
fécula de maíz

20 esferas

20 discos de pasta
para *wonton*

Agua para
las orillas

Colocar 1 esfera
en 1 disco

Doblar el *wonton* en
forma de triángulo

(20 veces)

Aceite
para freír

Freír en
2 tandas

5
MINUTOS

Acompañe, si lo desea,
con salsa de soya.

99 ARROZ CON CAMARONES
y chícharos

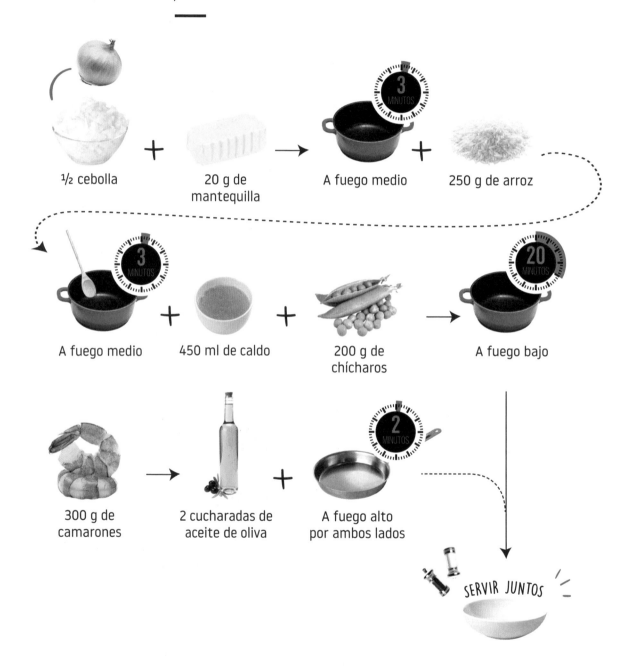

½ cebolla

+

20 g de mantequilla

→

3 MINUTOS A fuego medio

+

250 g de arroz

3 MINUTOS A fuego medio

+

450 ml de caldo

+

200 g de chícharos

→

20 MINUTOS A fuego bajo

300 g de camarones

→

2 cucharadas de aceite de oliva

+

2 MINUTOS A fuego alto por ambos lados

SERVIR JUNTOS

100 TAJINE
de camarones con harissa

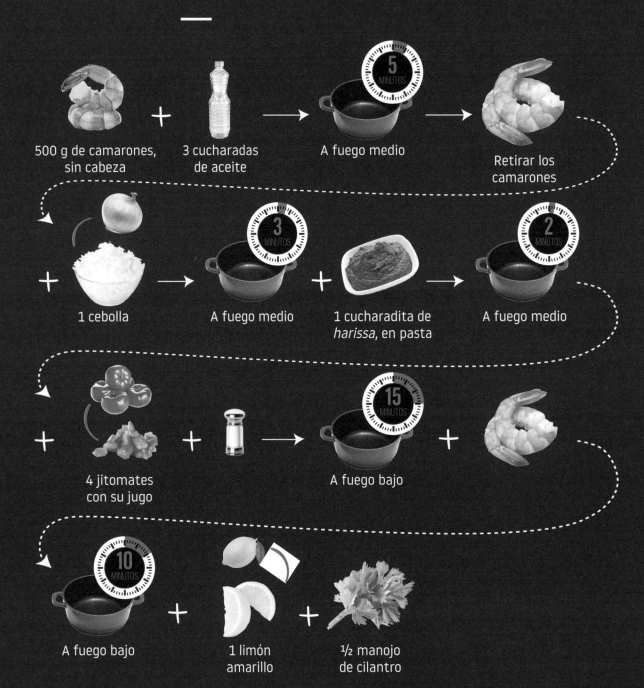

500 g de camarones, sin cabeza

+

3 cucharadas de aceite

A fuego medio

5 MINUTOS

Retirar los camarones

+

1 cebolla

A fuego medio

3 MINUTOS

+

1 cucharadita de *harissa*, en pasta

A fuego medio

2 MINUTOS

+

4 jitomates con su jugo

+

A fuego bajo

15 MINUTOS

+

A fuego bajo

10 MINUTOS

+

1 limón amarillo

+

½ manojo de cilantro

PASTA CON CAMARONES
y azafrán

1 diente de ajo + 250 g de camarones + 1 pizca de azafrán

+ 350 g de jitomates picados, enlatados + 250 g de espagueti

+ 600 ml de agua → A fuego medio

12 MINUTOS

102 PAPAS CON CAMARONES
y espinacas

—

500 g de papas cambray + Agua + Sal gruesa → A fuego medio **20 MINUTOS**

Cortar por la mitad →

2 cucharadas de vinagre balsámico + 1 cucharada de mostaza a la antigua + 5 cucharadas de aceite de oliva →

20 camarones cocidos + 80 g de espinaca *baby* → Refrigerar **20 MINUTOS** +

Para 4 personas

Preparación: 10 min

Cocción: 20 min

Refrigeración: 20 min

103 PASTA CON JAIBA,
crema y cebollín

—

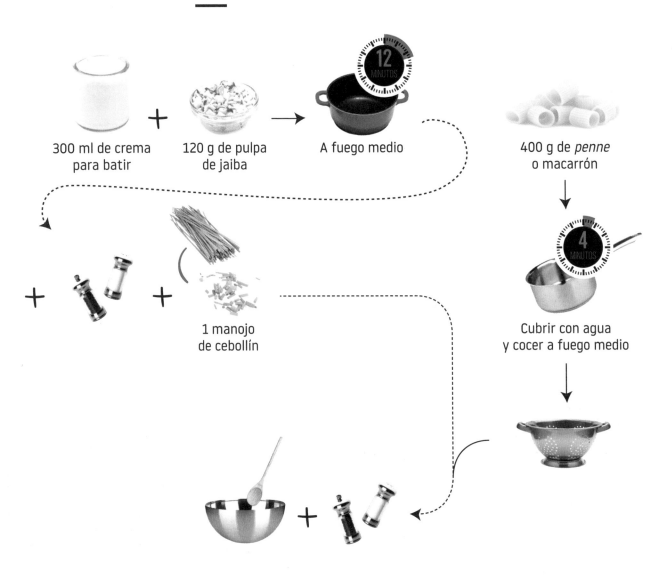

300 ml de crema para batir   +   **120 g de pulpa de jaiba**   →   **A fuego medio** — **12 MINUTOS**

400 g de *penne* o macarrón

4 MINUTOS

Cubrir con agua y cocer a fuego medio

+   +   **1 manojo de cebollín**

+

Para 4 personas

Preparación: 15 min

Cocción: 12 min

104 CALLOS
en papillote con poro

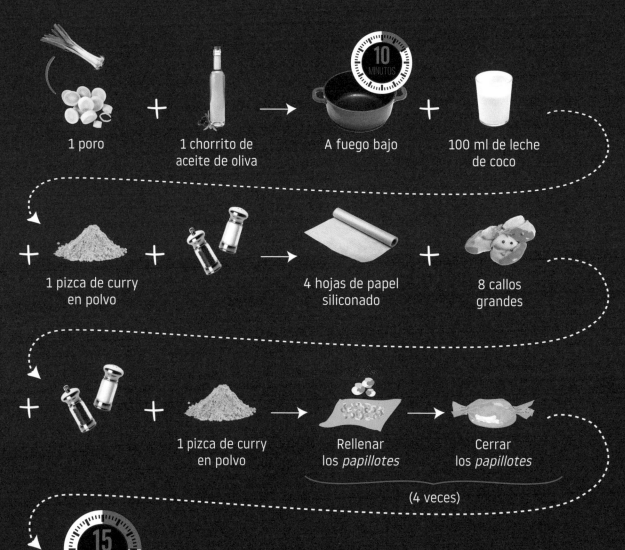

1 poro

+

1 chorrito de
aceite de oliva

→

10 MINUTOS
A fuego bajo

+

100 ml de leche
de coco

+

1 pizca de curry
en polvo

+

4 hojas de papel
siliconado

→

8 callos
grandes

+

1 pizca de curry
en polvo

→

Rellenar
los *papillotes*

→

Cerrar
los *papillotes*

(4 veces)

15 MINUTOS
Hornear
a 200 °C

Para 4 personas
Preparación: 20 min
Cocción: 25 min

105 CALLOS CON CURRY
y leche de coco

500 g de callos

2 cucharadas
de aceite

2 MINUTOS

A fuego alto

Retirar los callos

1 cebolla

3 MINUTOS

A fuego medio

2 cucharadas
de curry dulce

2 MINUTOS

A fuego medio

300 ml de leche
de coco

4 MINUTOS

A fuego alto

Para 4 personas
Preparación: 5 min
Cocción: 11 min

106 PASTA INTEGRAL
con almejas y menta

—

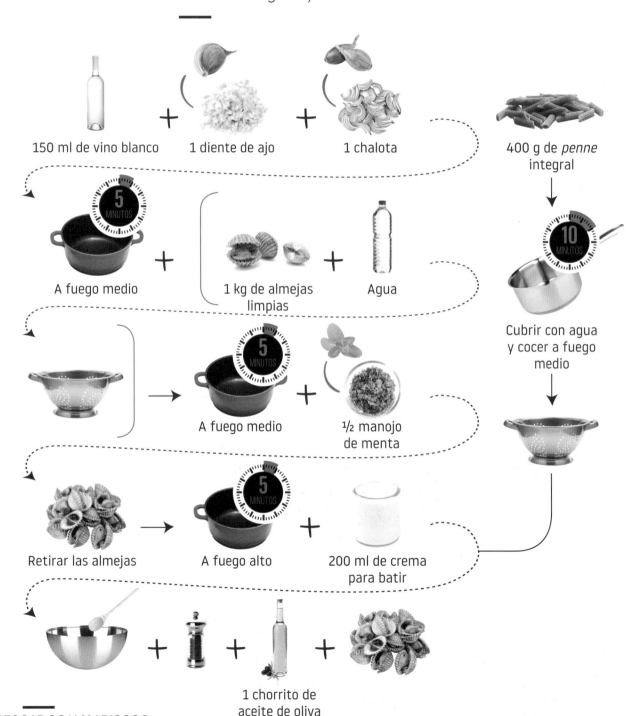

150 ml de vino blanco

1 diente de ajo

1 chalota

400 g de *penne* integral

A fuego medio

1 kg de almejas limpias

Agua

Cubrir con agua y cocer a fuego medio

A fuego medio

½ manojo de menta

Retirar las almejas

A fuego alto

200 ml de crema para batir

1 chorrito de aceite de oliva

107 ESPAGUETI DE TINTA
de calamar con almejas

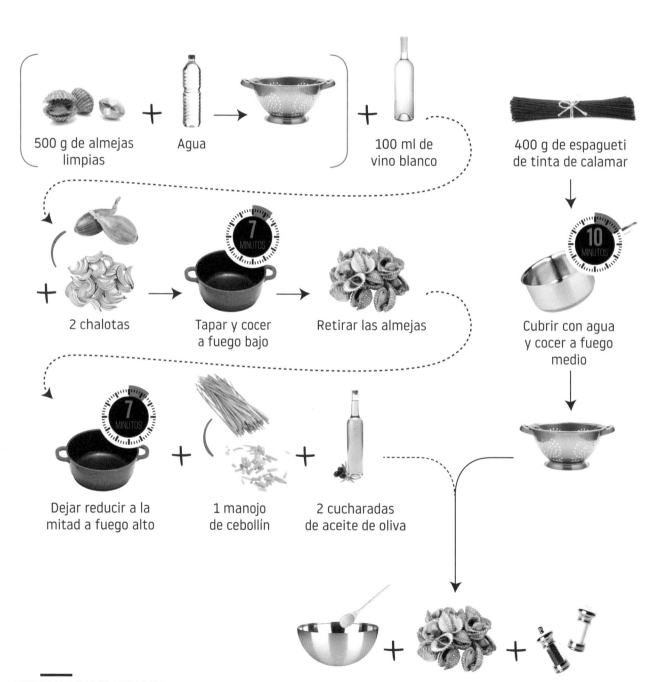

500 g de almejas limpias

Agua

100 ml de vino blanco

400 g de espagueti de tinta de calamar

2 chalotas

Tapar y cocer a fuego bajo

7 MINUTOS

Retirar las almejas

Cubrir con agua y cocer a fuego medio

10 MINUTOS

Dejar reducir a la mitad a fuego alto

7 MINUTOS

1 manojo de cebollín

2 cucharadas de aceite de oliva

Para 4 personas
Preparación: 15 min
Cocción: 14 min

108 MEJILLONES EXPRÉS
con leche de coco y limón

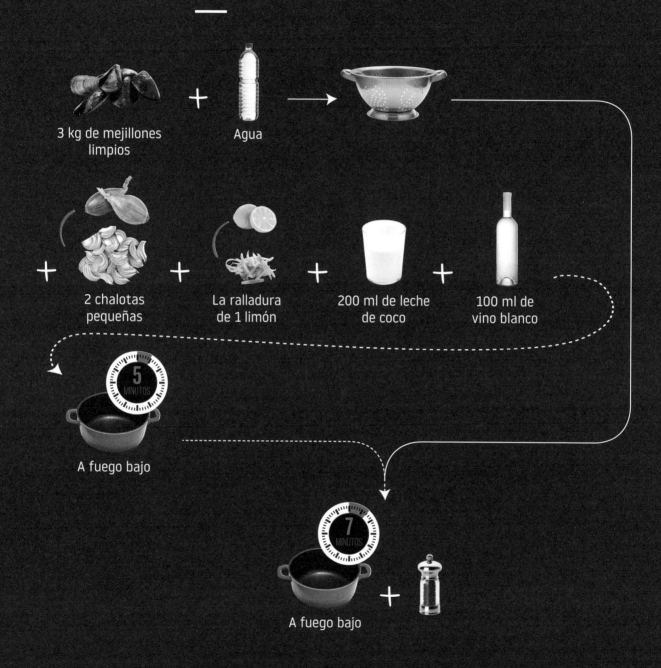

3 kg de mejillones limpios

Agua

2 chalotas pequeñas

La ralladura de 1 limón

200 ml de leche de coco

100 ml de vino blanco

5 MINUTOS

A fuego bajo

7 MINUTOS

A fuego bajo

Para 4 personas

Preparación: 15 min

Cocción: 12 min

109 ESPAGUETI
con mejillones
—

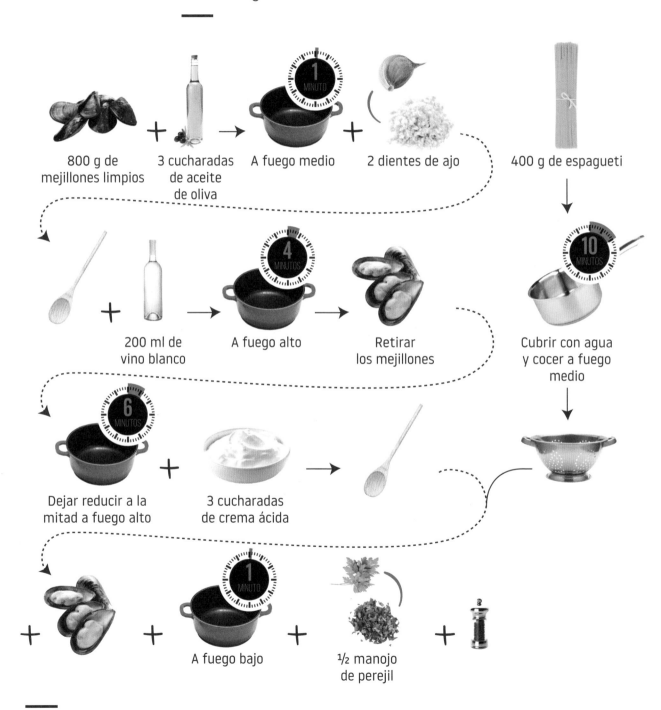

800 g de
mejillones limpios

3 cucharadas
de aceite
de oliva

A fuego medio

2 dientes de ajo

400 g de espagueti

200 ml de
vino blanco

A fuego alto

Retirar
los mejillones

Cubrir con agua
y cocer a fuego
medio

Dejar reducir a la
mitad a fuego alto

3 cucharadas
de crema ácida

A fuego bajo

½ manojo
de perejil

110 CAZUELA DE MEJILLONES
al curry
—

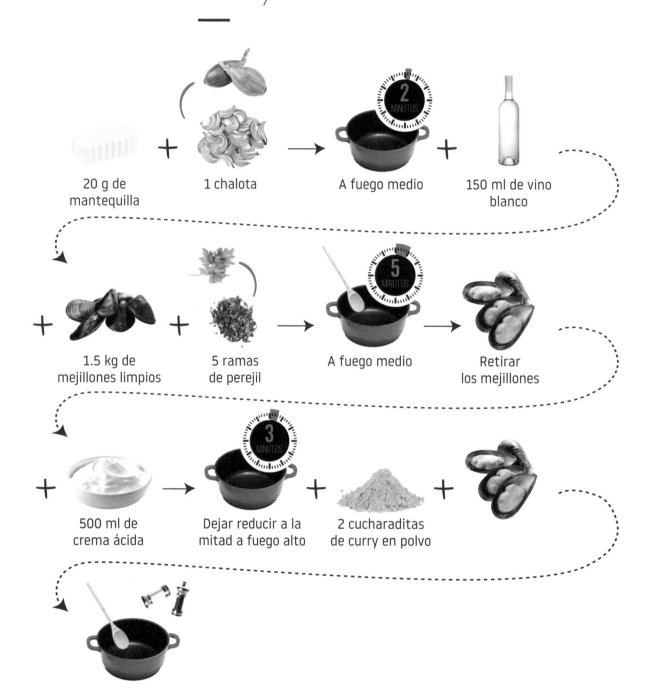

20 g de mantequilla

+

1 chalota

→

A fuego medio

2 MINUTOS

+

150 ml de vino blanco

+

1.5 kg de mejillones limpios

+

5 ramas de perejil

→

A fuego medio

5 MINUTOS

→

Retirar los mejillones

+

500 ml de crema ácida

→

Dejar reducir a la mitad a fuego alto

3 MINUTOS

+

2 cucharaditas de curry en polvo

+

111 NAVAJAS A LA PARRILLA
con perejil y limón amarillo

—

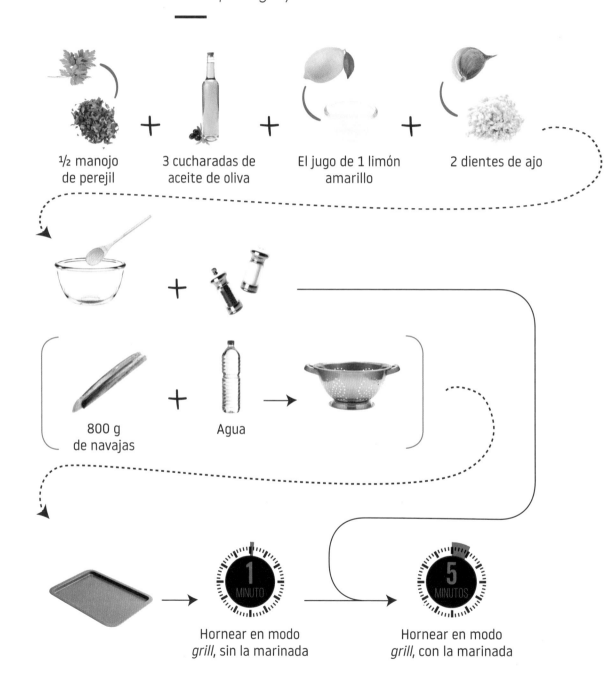

½ manojo de perejil + 3 cucharadas de aceite de oliva + El jugo de 1 limón amarillo + 2 dientes de ajo

800 g de navajas + Agua

Hornear en modo *grill*, sin la marinada

Hornear en modo *grill*, con la marinada

112 CALAMARES
con salsa de coñac

1 cebolla

2 dientes
de ajo

1 cucharada de
aceite de oliva

A fuego medio

5 MINUTOS

400 g de jitomates
picados, enlatados

250 ml
de agua

A fuego bajo

5 MINUTOS

1 cucharada de
aceite de oliva

800 g de aros
de calamar

A fuego alto

5 MINUTES

50 ml de coñac

Flamear, fuera
del fuego

A fuego medio

30 MINUTOS

5 ramas de perejil

113 SEPIAS SALTEADAS
con cebolla y alcachofas

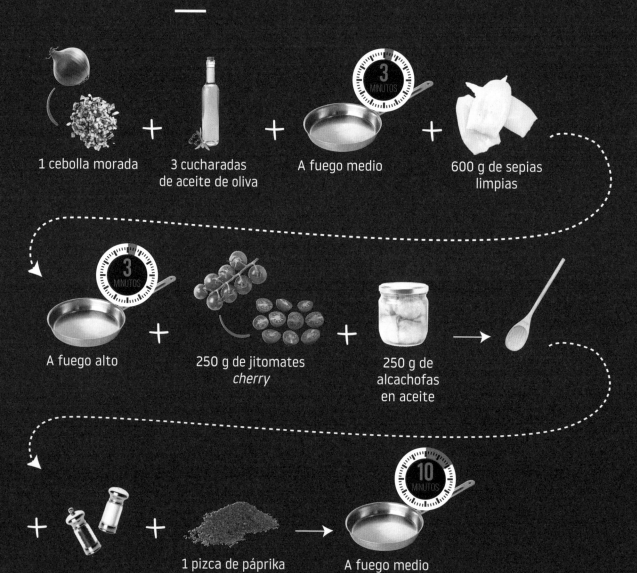

1 cebolla morada

3 cucharadas
de aceite de oliva

3 MINUTOS

A fuego medio

600 g de sepias
limpias

3 MINUTOS

A fuego alto

250 g de jitomates
cherry

250 g de
alcachofas
en aceite

1 pizca de páprika

10 MINUTOS

A fuego medio

114 PORO GRATINADO
con queso emmental

—

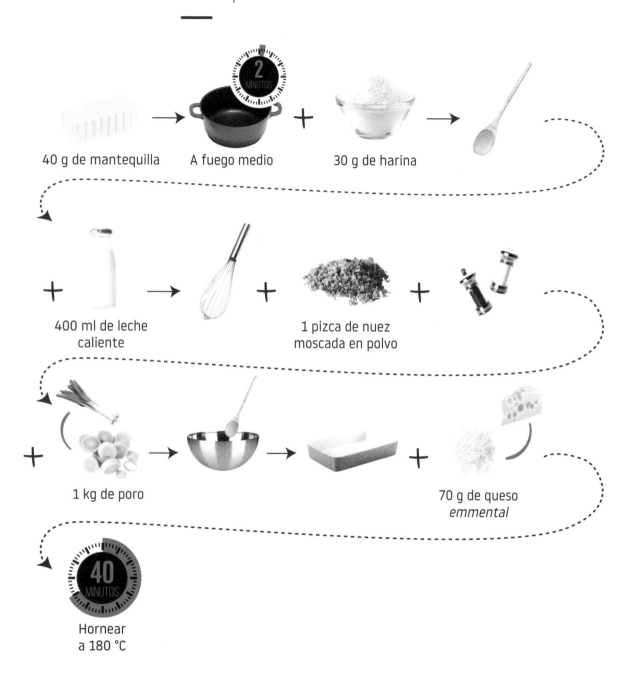

40 g de mantequilla

A fuego medio

30 g de harina

400 ml de leche caliente

1 pizca de nuez moscada en polvo

1 kg de poro

70 g de queso *emmental*

Hornear a 180 °C

115 PAPAS
gratinadas
—

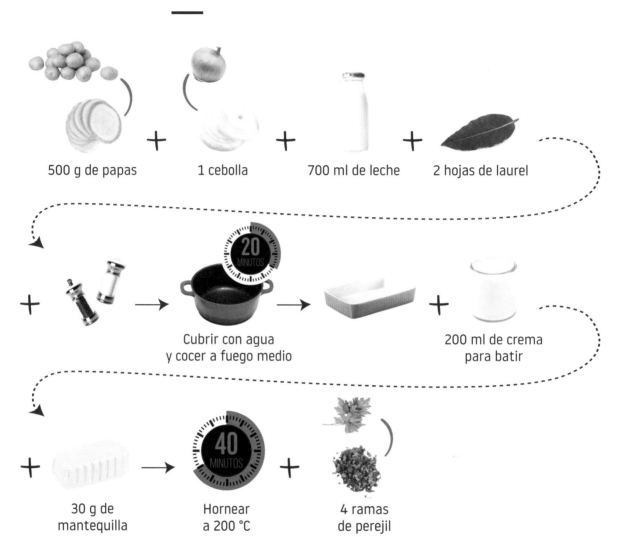

500 g de papas + 1 cebolla + 700 ml de leche + 2 hojas de laurel

+ (pimienta) → **20 MINUTOS** Cubrir con agua y cocer a fuego medio → + 200 ml de crema para batir

+ 30 g de mantequilla → **40 MINUTOS** Hornear a 200 °C + 4 ramas de perejil

Para 4 personas
Preparación: 20 min
Cocción: 1 h

116 CALABAZA GRATINADA
con trigo sarraceno y mozzarella

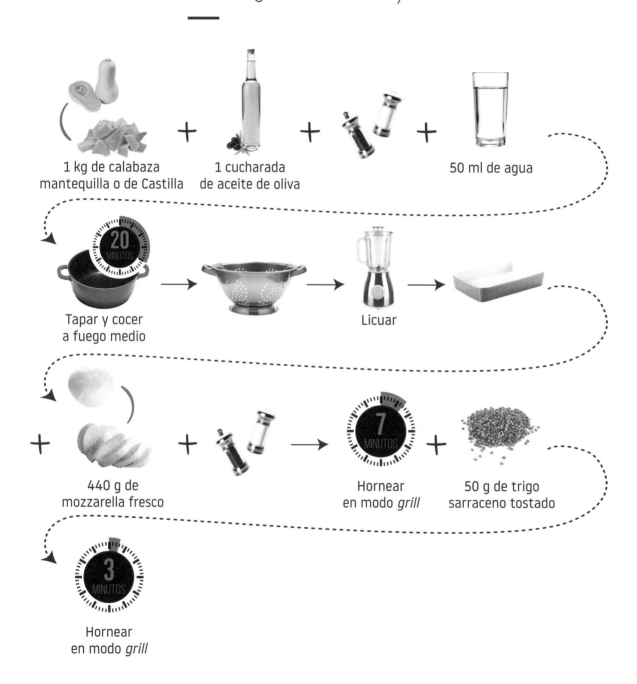

1 kg de calabaza
mantequilla o de Castilla

1 cucharada
de aceite de oliva

50 ml de agua

Tapar y cocer
a fuego medio

Licuar

440 g de
mozzarella fresco

Hornear
en modo *grill*

50 g de trigo
sarraceno tostado

Hornear
en modo *grill*

Para 4 personas
Preparación: 15 min
Cocción: 30 min

117 PIMIENTOS GRATINADOS
con calabacitas y queso feta

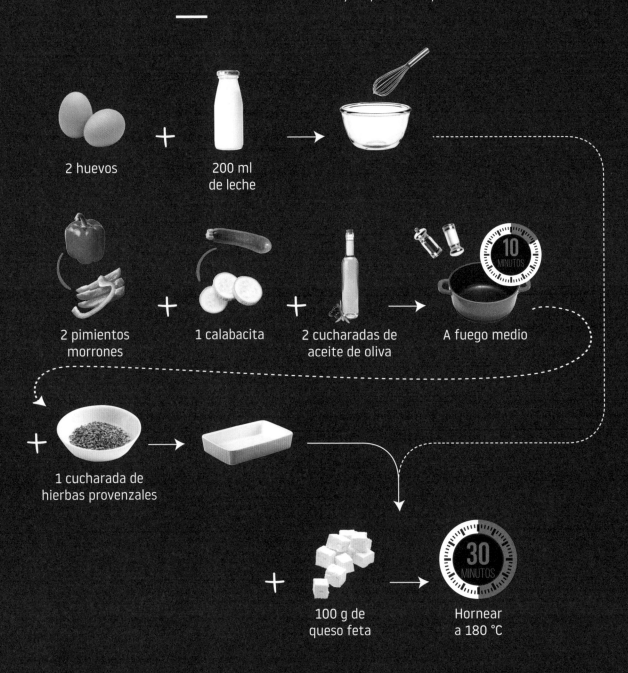

2 huevos + 200 ml de leche →

2 pimientos morrones + 1 calabacita + 2 cucharadas de aceite de oliva → A fuego medio — 10 MINUTOS

1 cucharada de hierbas provenzales →

100 g de queso feta → Hornear a 180 °C — 30 MINUTOS

118 CLAFOUTIS
de jitomates cherry

—

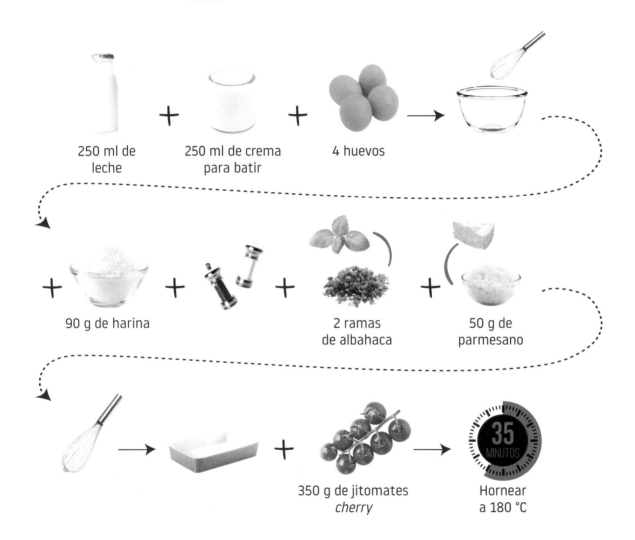

250 ml de leche + 250 ml de crema para batir + 4 huevos →

+ 90 g de harina + + 2 ramas de albahaca + 50 g de parmesano

350 g de jitomates *cherry* → 35 MINUTOS — Hornear a 180 °C

119 PANQUÉ DE PIMIENTO,
brie y albahaca
—

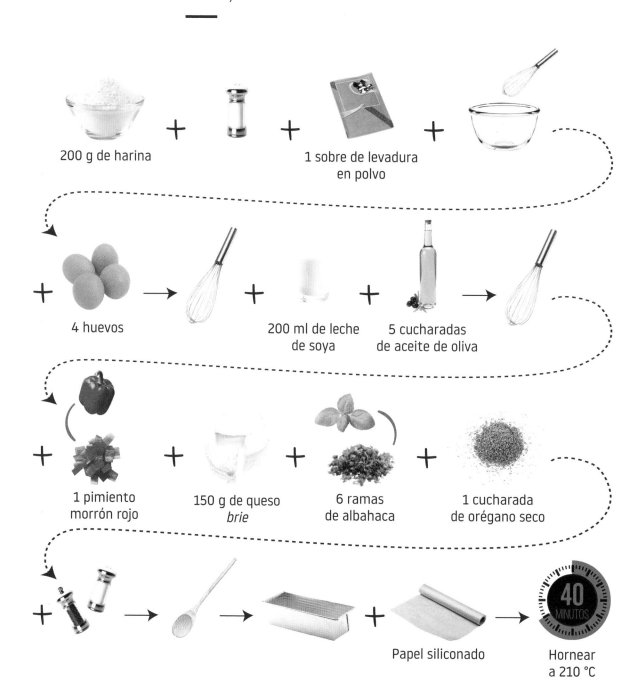

200 g de harina + 1 sobre de levadura en polvo +

+ 4 huevos → + 200 ml de leche de soya + 5 cucharadas de aceite de oliva →

+ 1 pimiento morrón rojo + 150 g de queso *brie* + 6 ramas de albahaca + 1 cucharada de orégano seco

+ → → + Papel siliconado → **40** MINUTOS Hornear a 210 °C

Para 6 personas

Preparación: 20 min

Cocción: 40 min

120 TARTA DE HABAS
y gorgonzola

230 g de pasta quebrada

Picar

Hornear a 180 °C

12 MINUTOS

200 g de habas peladas

Cubrir con agua y cocer a fuego alto

6 MINUTOS

300 ml de leche

100 ml de crema para batir

130 g de queso gorgonzola

30 MINUTOS

Hornear a 180 °C

Para 4 personas
Preparación: 15 min
Cocción: 42 min

121 TARTA FRÍA
con queso crema
—

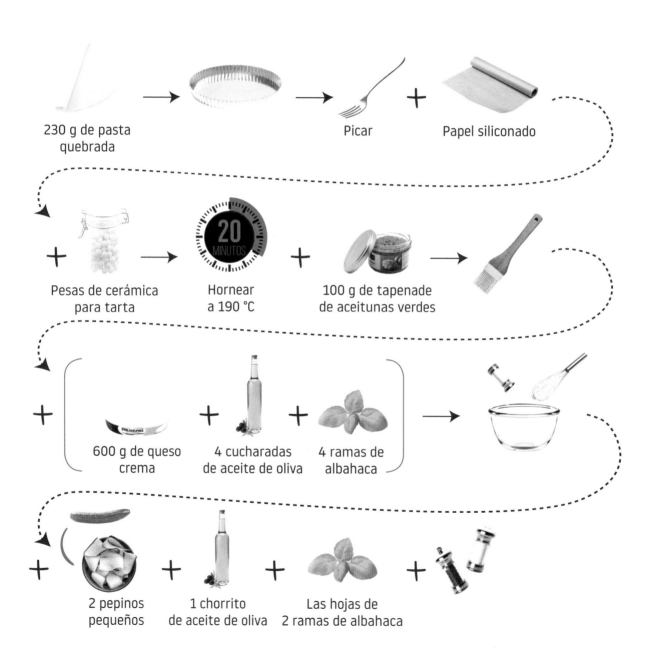

230 g de pasta
quebrada

Picar

Papel siliconado

Pesas de cerámica
para tarta

20 MINUTOS
Hornear
a 190 °C

100 g de tapenade
de aceitunas verdes

600 g de queso
crema

4 cucharadas
de aceite de oliva

4 ramas de
albahaca

2 pepinos
pequeños

1 chorrito
de aceite de oliva

Las hojas de
2 ramas de albahaca

Para 4 personas

Preparación: 30 min

Cocción: 20 min

122 TARTA TATIN
de verduras

—

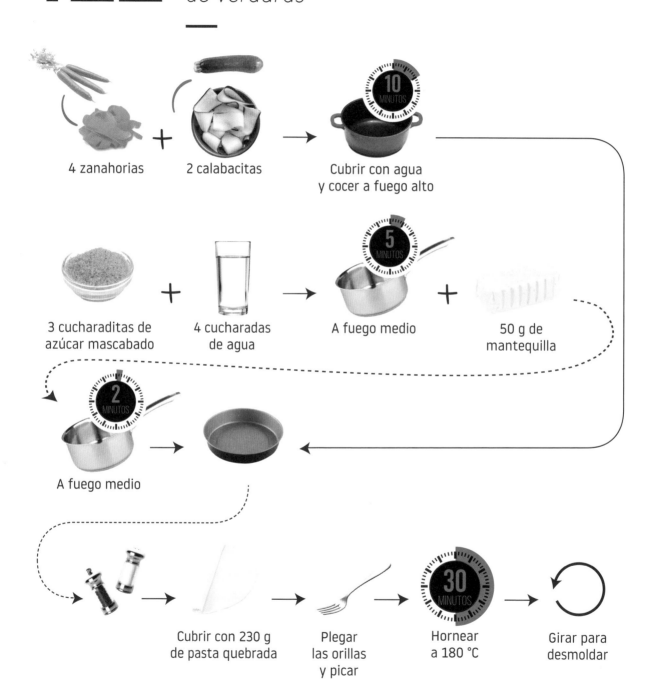

4 zanahorias

2 calabacitas

Cubrir con agua
y cocer a fuego alto

10 MINUTOS

3 cucharaditas de
azúcar mascabado

4 cucharadas
de agua

A fuego medio

5 MINUTOS

50 g de
mantequilla

A fuego medio

2 MINUTOS

Cubrir con 230 g
de pasta quebrada

Plegar
las orillas
y picar

Hornear
a 180 °C

30 MINUTOS

Girar para
desmoldar

Para 6 personas

Preparación: 15 min

Cocción: 40 min

123 PIZZA DE CORAZONES
de alcachofa, higos y provolone

—

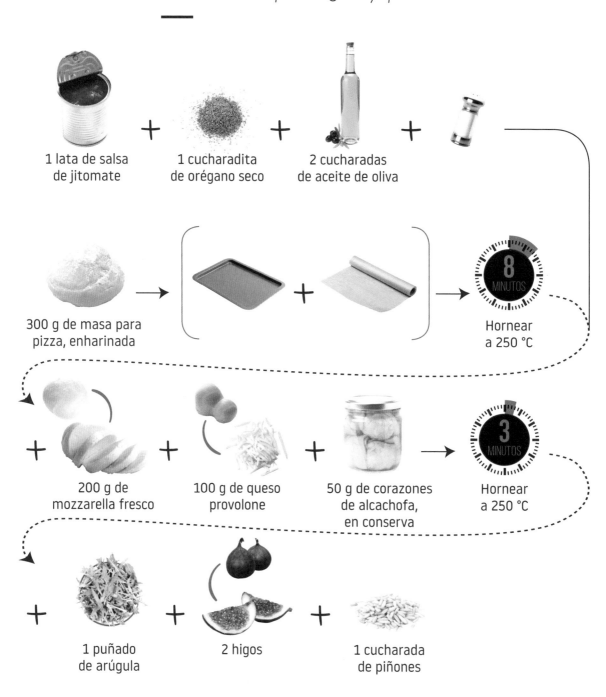

1 lata de salsa
de jitomate

+

1 cucharadita
de orégano seco

+

2 cucharadas
de aceite de oliva

+

300 g de masa para
pizza, enharinada

→

+

Hornear
a 250 °C

8 MINUTOS

+

200 g de
mozzarella fresco

+

100 g de queso
provolone

+

50 g de corazones
de alcachofa,
en conserva

→

Hornear
a 250 °C

3 MINUTOS

+

1 puñado
de arúgula

+

2 higos

+

1 cucharada
de piñones

Para 4 personas
Preparación: 15 min
Cocción: 11 min

124 PIZZA BLANCA
con mozzarella y salvia
—

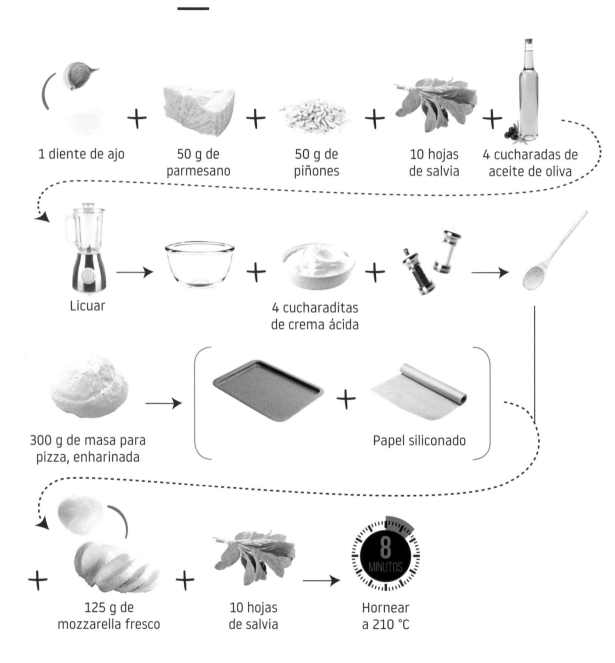

1 diente de ajo + 50 g de parmesano + 50 g de piñones + 10 hojas de salvia + 4 cucharadas de aceite de oliva

Licuar → 4 cucharaditas de crema ácida + →

300 g de masa para pizza, enharinada → [+ Papel siliconado]

+ 125 g de mozzarella fresco + 10 hojas de salvia → **8 MINUTOS** Hornear a 210 °C

Para 4 personas
Preparación: 10 min
Cocción: 8 min

125 MAC AND CHEESE

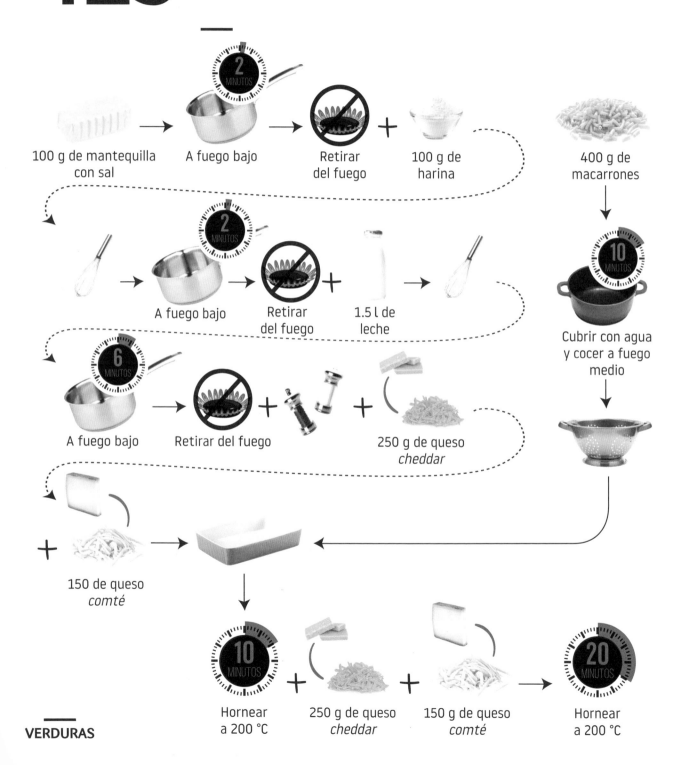

100 g de mantequilla con sal

A fuego bajo — 2 MINUTOS

Retirar del fuego

+ 100 g de harina

400 g de macarrones

A fuego bajo — 2 MINUTOS

Retirar del fuego

+ 1.5 l de leche

Cubrir con agua y cocer a fuego medio — 10 MINUTOS

A fuego bajo — 6 MINUTOS

Retirar del fuego

+ 250 g de queso *cheddar*

+ 150 de queso *comté*

Hornear a 200 °C — 10 MINUTOS

+ 250 g de queso *cheddar*

+ 150 g de queso *comté*

Hornear a 200 °C — 20 MINUTOS

VERDURAS

126 CONCHIGLIONI RELLENOS
de calabaza y salvia

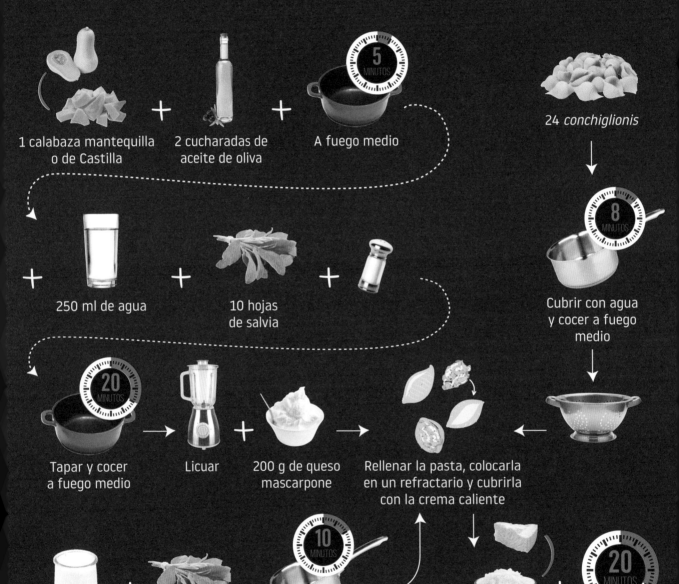

1 calabaza mantequilla o de Castilla

+

2 cucharadas de aceite de oliva

+

A fuego medio

5 MINUTOS

24 *conchiglionis*

+

250 ml de agua

+

10 hojas de salvia

+

8 MINUTOS

Cubrir con agua y cocer a fuego medio

20 MINUTOS

Tapar y cocer a fuego medio

Licuar

+

200 g de queso mascarpone

Rellenar la pasta, colocarla en un refractario y cubrirla con la crema caliente

150 ml de crema para batir

+

14 hojas de salvia

A fuego bajo

10 MINUTOS

50 g de parmesano

+

Hornear a 180 °C

20 MINUTOS

127 ÑOQUIS PRIMAVERA
salteados

—

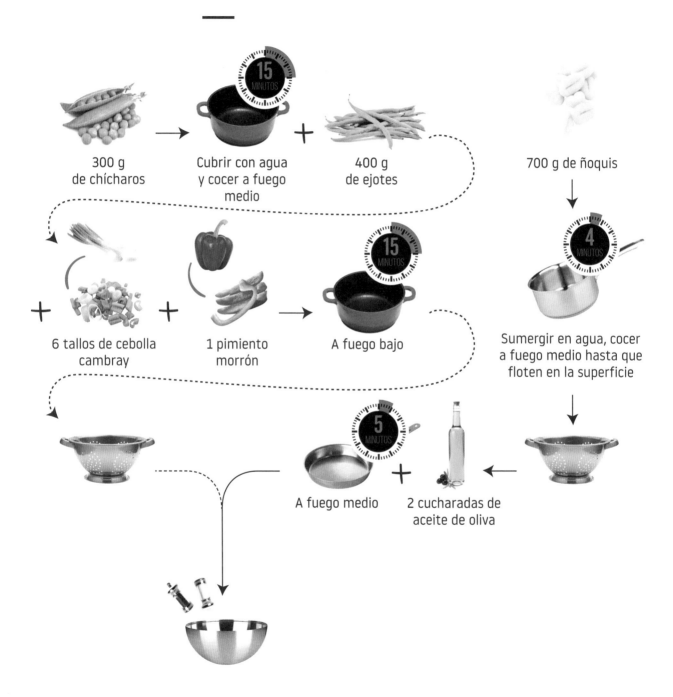

300 g
de chícharos

Cubrir con agua
y cocer a fuego
medio

15 MINUTOS

+

400 g
de ejotes

700 g de ñoquis

+

6 tallos de cebolla
cambray

+

1 pimiento
morrón

A fuego bajo

15 MINUTOS

4 MINUTOS

Sumergir en agua, cocer
a fuego medio hasta que
floten en la superficie

A fuego medio

5 MINUTOS

+

2 cucharadas de
aceite de oliva

Para 8 personas

Preparación: 20 min

Cocción: 35 min

128 LINGUINE
con espárragos y avellana

—

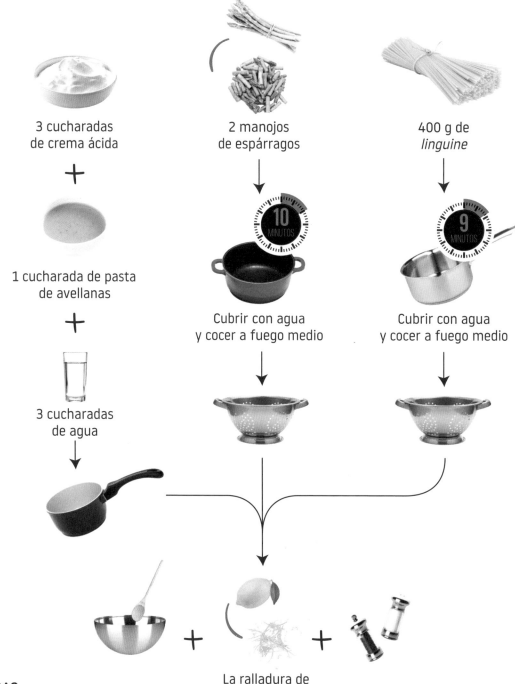

3 cucharadas
de crema ácida

+

1 cucharada de pasta
de avellanas

+

3 cucharadas
de agua

2 manojos
de espárragos

400 g de
linguine

10 MINUTOS

9 MINUTOS

Cubrir con agua
y cocer a fuego medio

Cubrir con agua
y cocer a fuego medio

La ralladura de
1 limón amarillo

Para 4 personas
Preparación: 10 min
Cocción: 10 min

129 LASAÑA
de calabacitas

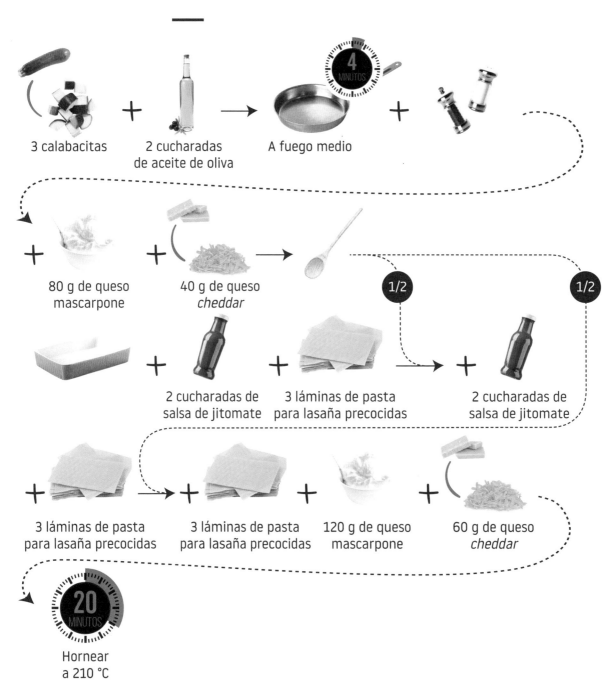

3 calabacitas + **2 cucharadas de aceite de oliva** → **A fuego medio** · 4 MINUTOS +

80 g de queso mascarpone + **40 g de queso cheddar** →

2 cucharadas de salsa de jitomate + **3 láminas de pasta para lasaña precocidas** · 1/2 → **2 cucharadas de salsa de jitomate** · 1/2

3 láminas de pasta para lasaña precocidas → **3 láminas de pasta para lasaña precocidas** + **120 g de queso mascarpone** + **60 g de queso cheddar**

Hornear a 210 °C · 20 MINUTOS

Para 4 personas

Preparación: 15 min

Cocción: 24 min

130 CANELONES RELLENOS
de ricota y espinacas

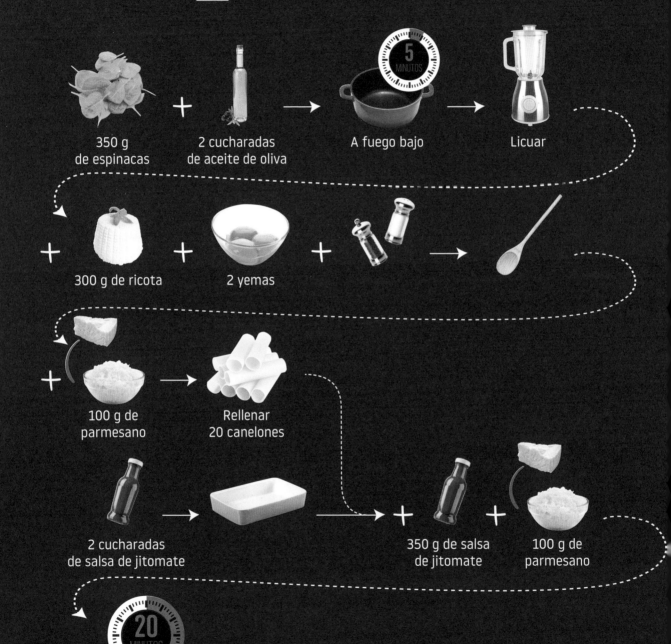

350 g
de espinacas

+

2 cucharadas
de aceite de oliva

A fuego bajo

5 MINUTOS

Licuar

+

300 g de ricota

+

2 yemas

+

+

100 g de
parmesano

Rellenar
20 canelones

2 cucharadas
de salsa de jitomate

350 g de salsa
de jitomate

+

100 g de
parmesano

20 MINUTOS

Hornear
a 180 °C

VERDURAS

Para 6 personas
Preparación: 15 min
Cocción: 25 min

131

PASTA
a la puttanesca
—

 +  +  +

250 g de jitomates
picados, enlatados

4 ramas
de tomillo

100 g de
aceitunas negras

2 cucharadas
de alcaparras

+  + + +

1 cebolla

400 g de *pipe
rigate* o coditos

3 cucharadas
de aceite de oliva

+  →

12
MINUTOS

1 cubo de caldo
de verduras

Cubrir con agua
y cocer a fuego
medio

132 ORRECHIETTE
con vegetales verdes

—

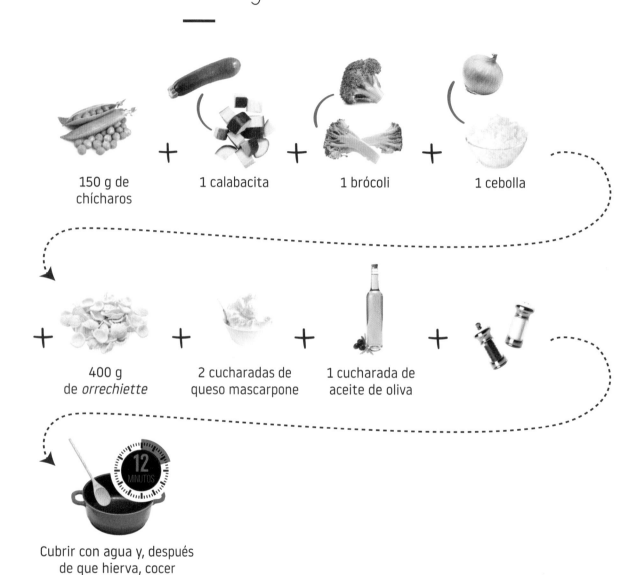

150 g de
chícharos

+

1 calabacita

+

1 brócoli

+

1 cebolla

+

400 g
de *orrechiette*

+

2 cucharadas de
queso mascarpone

+

1 cucharada de
aceite de oliva

+

Cubrir con agua y, después
de que hierva, cocer
a fuego medio

12
MINUTOS

133 TAGLIOLINI
con habas y burrata

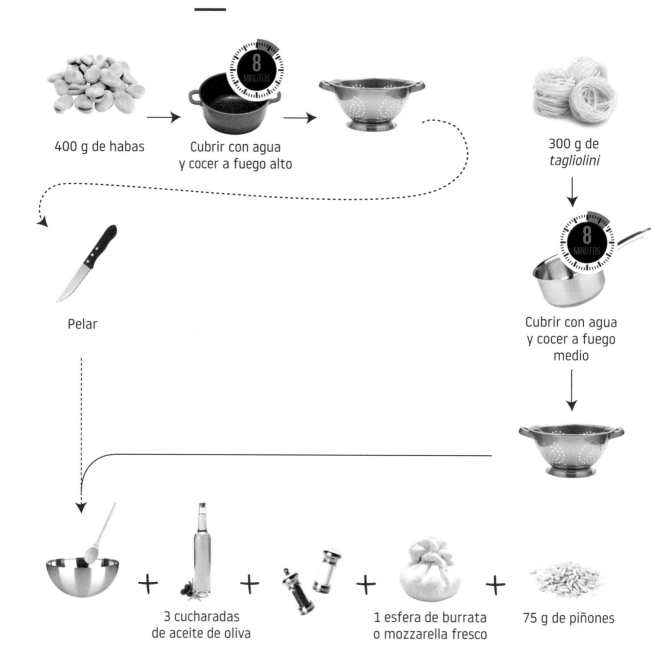

400 g de habas

Cubrir con agua y cocer a fuego alto

8 MINUTOS

300 g de *tagliolini*

Pelar

Cubrir con agua y cocer a fuego medio

8 MINUTOS

+ 3 cucharadas de aceite de oliva

+

+ 1 esfera de burrata o mozzarella fresco

+ 75 g de piñones

Para 4 personas

Preparación: 15 min

Cocción: 8 min

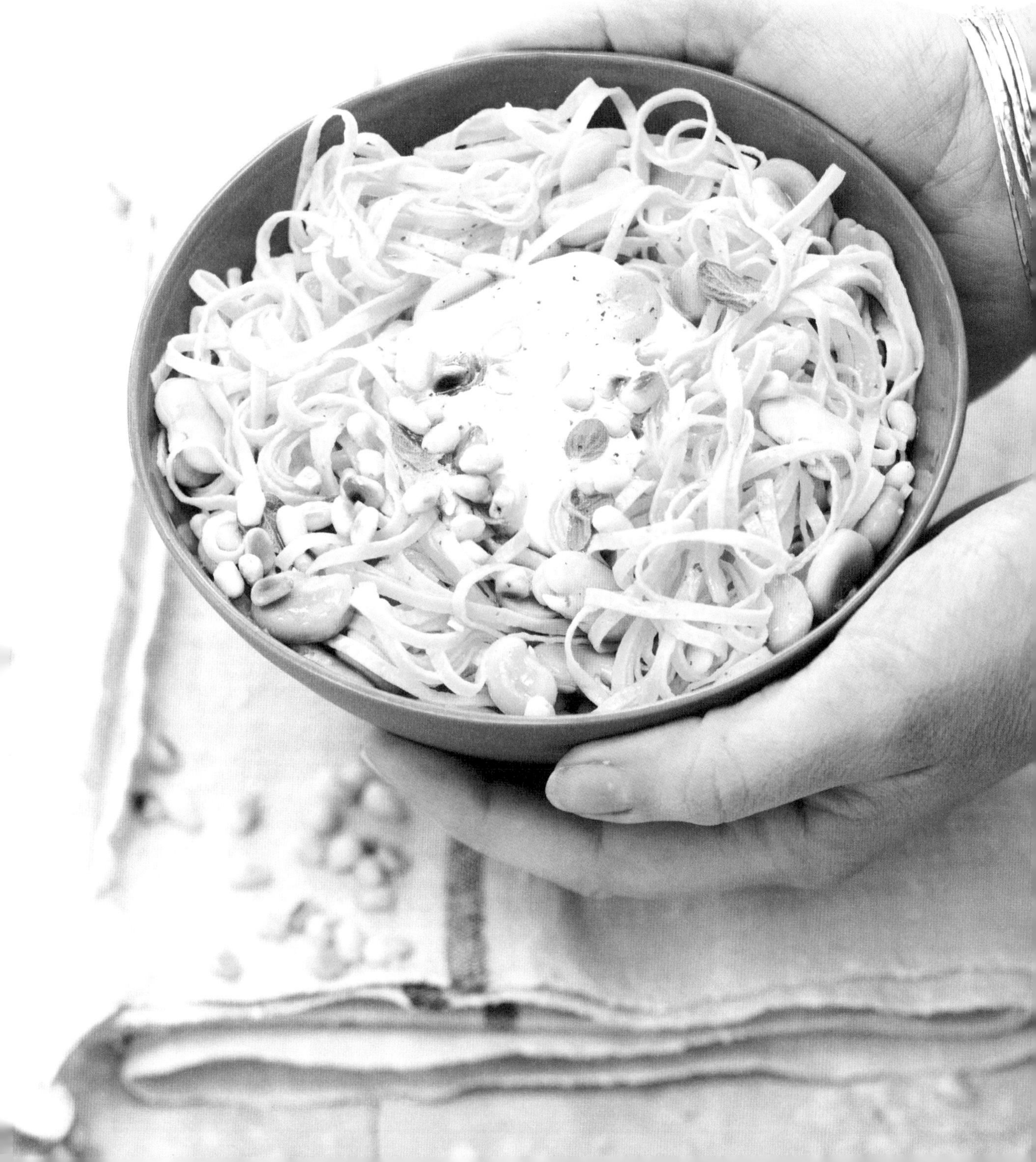

134 RISOTTO
con pesto de arúgula

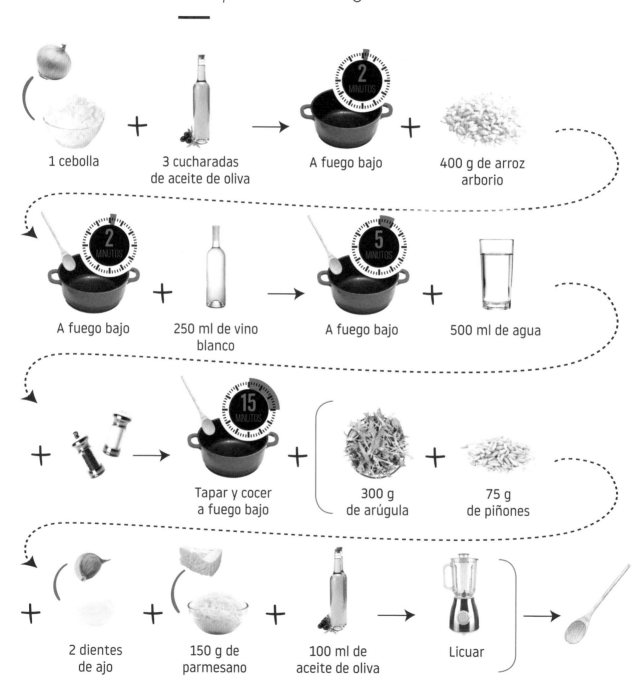

1 cebolla

3 cucharadas de aceite de oliva

A fuego bajo

400 g de arroz arborio

A fuego bajo

250 ml de vino blanco

A fuego bajo

500 ml de agua

Tapar y cocer a fuego bajo

300 g de arúgula

75 g de piñones

2 dientes de ajo

150 g de parmesano

100 ml de aceite de oliva

Licuar

135 RISOTTO
con champiñones y semillas de calabaza

—

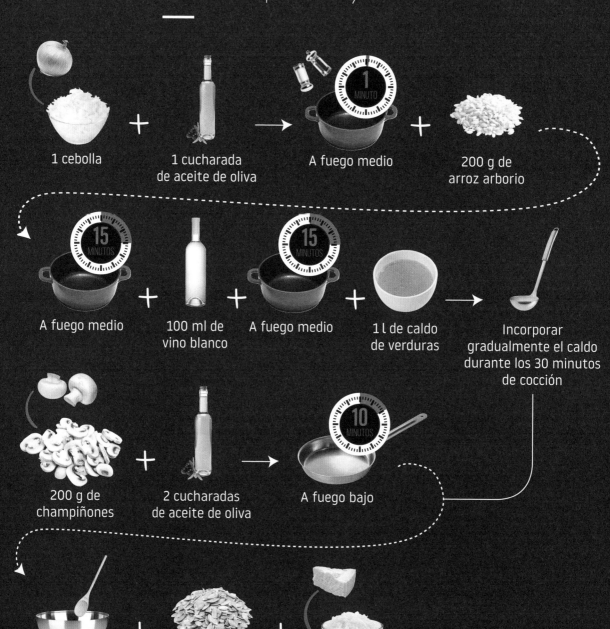

1 cebolla

1 cucharada
de aceite de oliva

A fuego medio

200 g de
arroz arborio

A fuego medio

100 ml de
vino blanco

A fuego medio

1 l de caldo
de verduras

Incorporar
gradualmente el caldo
durante los 30 minutos
de cocción

200 g de
champiñones

2 cucharadas
de aceite de oliva

A fuego bajo

2 cucharadas de
semillas de calabaza

40 g de
parmesano

Para 4 personas

Preparación: 10 min

Cocción: 31 min

136 RISOTTO
de calabaza

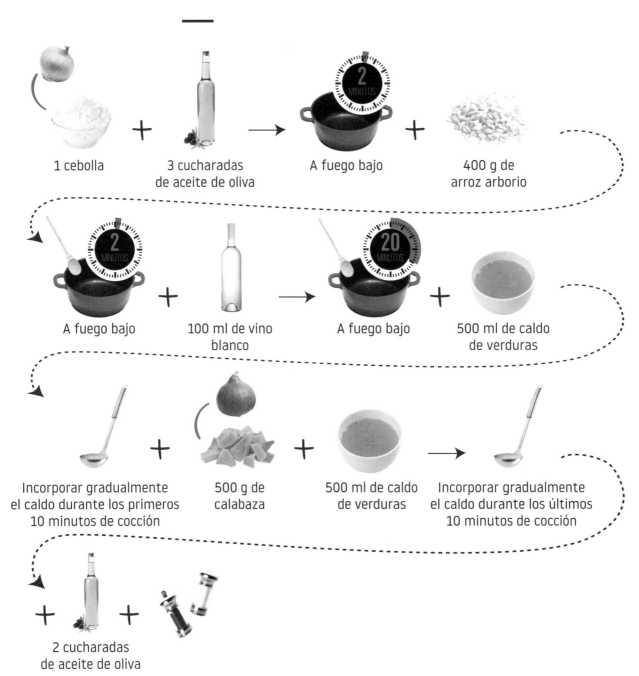

1 cebolla

+

3 cucharadas
de aceite de oliva

→

A fuego bajo

+

400 g de
arroz arborio

A fuego bajo

+

100 ml de vino
blanco

→

A fuego bajo

+

500 ml de caldo
de verduras

Incorporar gradualmente
el caldo durante los primeros
10 minutos de cocción

+

500 g de
calabaza

+

500 ml de caldo
de verduras

→

Incorporar gradualmente
el caldo durante los últimos
10 minutos de cocción

+

2 cucharadas
de aceite de oliva

+

137 CEBADA PERLADA
con verduras

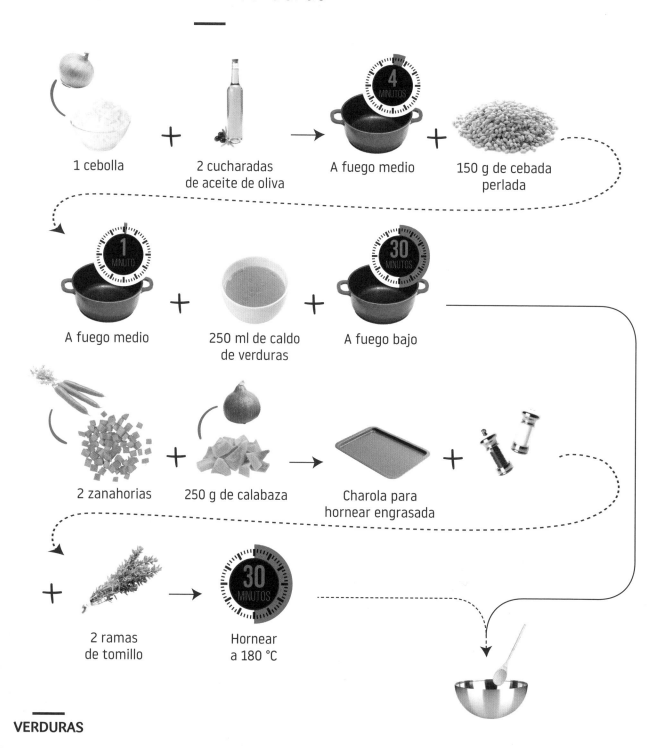

1 cebolla

+

2 cucharadas
de aceite de oliva

A fuego medio

+

150 g de cebada
perlada

4 MINUTOS

A fuego medio

1 MINUTO

+

250 ml de caldo
de verduras

+

A fuego bajo

30 MINUTOS

2 zanahorias

+

250 g de calabaza

Charola para
hornear engrasada

+

2 ramas
de tomillo

Hornear
a 180 °C

30 MINUTOS

138 PANZANELLA
horneada

—

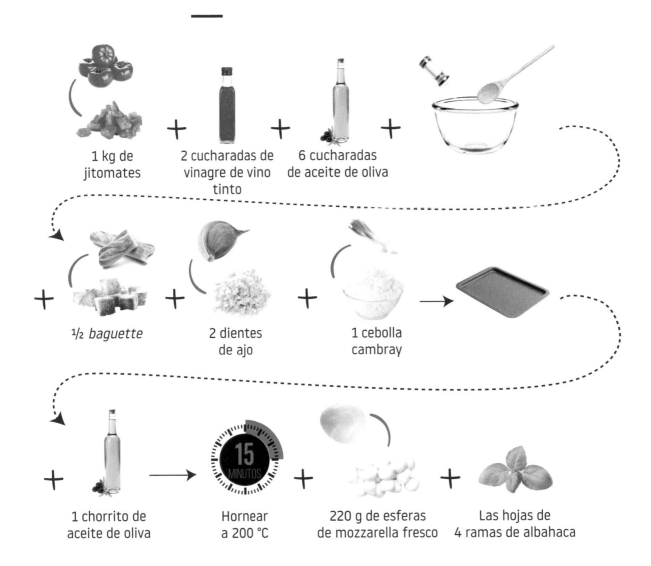

1 kg de jitomates

+

2 cucharadas de vinagre de vino tinto

+

6 cucharadas de aceite de oliva

+

½ *baguette*

+

2 dientes de ajo

+

1 cebolla cambray

→

+

1 chorrito de aceite de oliva

→ Hornear a 200 °C

15 MINUTOS

+

220 g de esferas de mozzarella fresco

+

Las hojas de 4 ramas de albahaca

139 TABULÉ
de quinoa

—

1 cucharada de
aceite de oliva + 300 g de quinoa
cocida + 2 cucharadas
de agua → A fuego medio **3** MINUTOS

+ 4 jitomates + 1 pepino + Vinagreta

5 MINUTOS
Dejar
reposar + 4 ramas
de perejil

Para 4 personas

Preparación: 10 min

Cocción: 3 min

Reposo: 5 min

140 ENSALADA DE CÍTRICOS
y aguacate

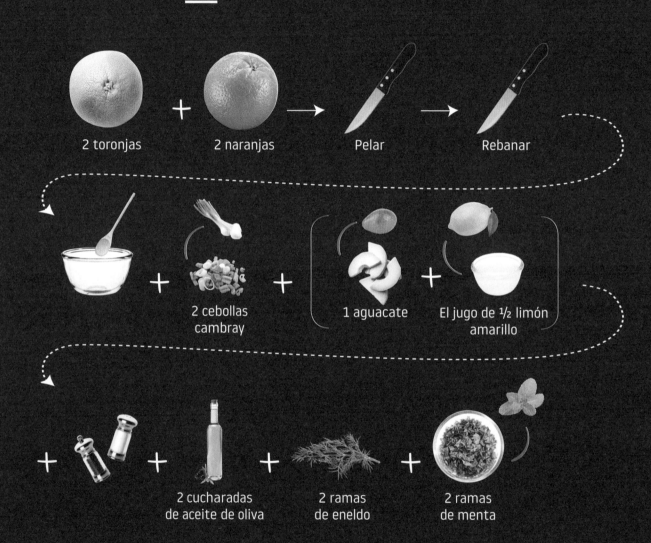

2 toronjas + 2 naranjas → Pelar → Rebanar

+ 2 cebollas cambray + 1 aguacate + El jugo de ½ limón amarillo

+ + 2 cucharadas de aceite de oliva + 2 ramas de eneldo + 2 ramas de menta

141 ENSALADA
de lentejas

—

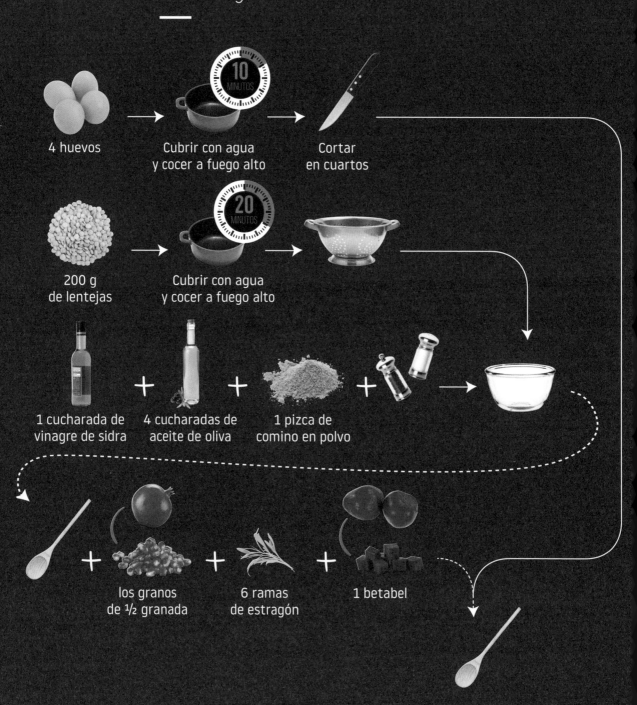

4 huevos → **Cubrir con agua y cocer a fuego alto** (10 MINUTOS) → **Cortar en cuartos**

200 g de lentejas → **Cubrir con agua y cocer a fuego alto** (20 MINUTOS) →

1 cucharada de vinagre de sidra + **4 cucharadas de aceite de oliva** + **1 pizca de comino en polvo** + →

+ **los granos de ½ granada** + **6 ramas de estragón** + **1 betabel**

142 CURRY INDIO
con verduras

—

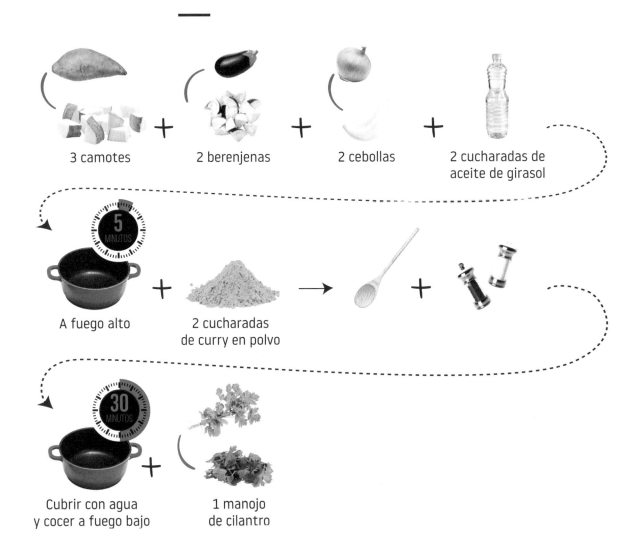

3 camotes + 2 berenjenas + 2 cebollas + 2 cucharadas de aceite de girasol

A fuego alto + 2 cucharadas de curry en polvo →

Cubrir con agua y cocer a fuego bajo + 1 manojo de cilantro

5 MINUTOS

30 MINUTOS

143 CUSCÚS DE CEBADA
y verduras

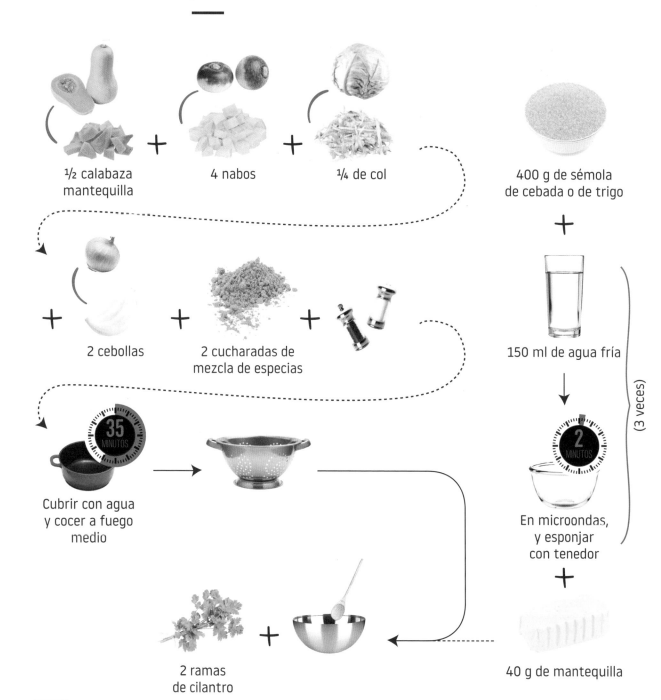

½ calabaza mantequilla

4 nabos

¼ de col

400 g de sémola de cebada o de trigo

2 cebollas

2 cucharadas de mezcla de especias

150 ml de agua fría

Cubrir con agua y cocer a fuego medio

35 MINUTOS

2 MINUTOS

En microondas, y esponjar con tenedor

(3 veces)

2 ramas de cilantro

40 g de mantequilla

144 FLORES DE CALABAZA
rellenas de ricota y menta

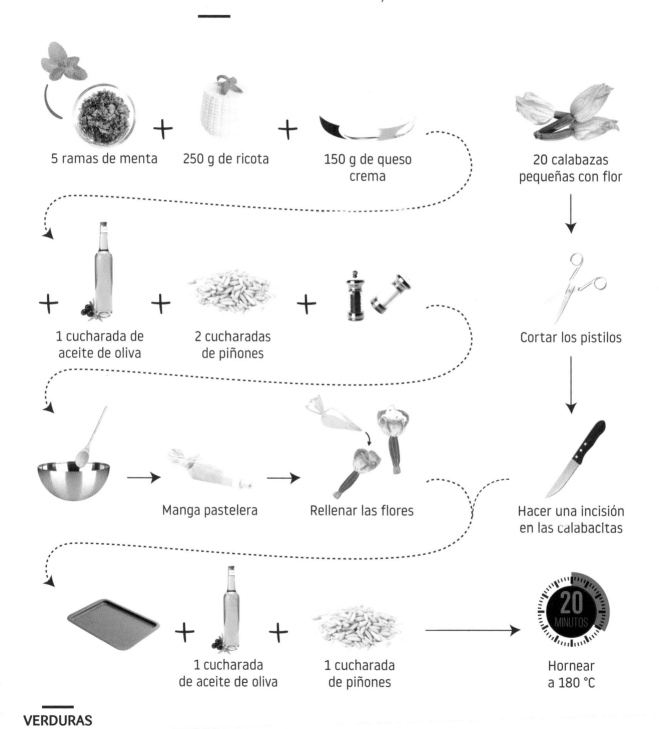

5 ramas de menta

+

250 g de ricota

+

150 g de queso crema

20 calabazas pequeñas con flor

+

1 cucharada de aceite de oliva

+

2 cucharadas de piñones

+

Cortar los pistilos

Manga pastelera → Rellenar las flores

Hacer una incisión en las calabacitas

+

1 cucharada de aceite de oliva

+

1 cucharada de piñones

20 MINUTOS

Hornear a 180 °C

Para 4 personas

Preparación: 25 min

Cocción: 20 min

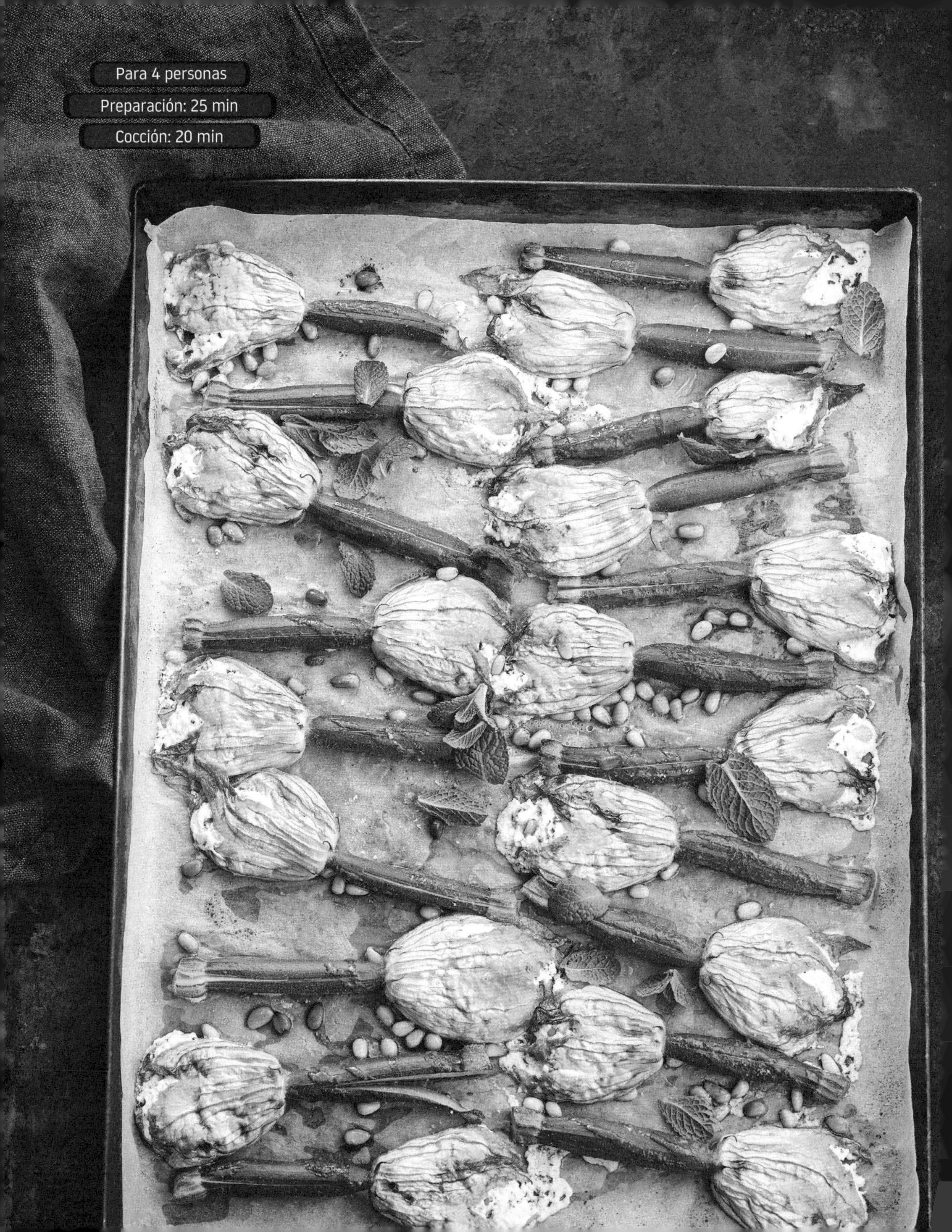

145 VERDURAS ROSTIZADAS
con aceitunas y limón

—

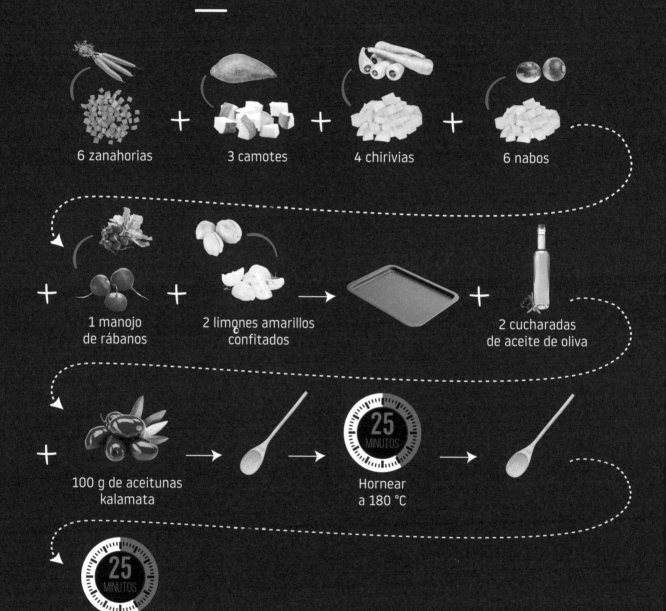

6 zanahorias

+

3 camotes

+

4 chirivias

+

6 nabos

+

1 manojo
de rábanos

+

2 limones amarillos
confitados

→

+

2 cucharadas
de aceite de oliva

+

100 g de aceitunas
kalamata

→

→

25
MINUTOS

Hornear
a 180 °C

→

25
MINUTOS

Hornear
a 180 °C

Para 8 personas
Preparación: 20 min
Cocción: 50 min

146 JITOMATES RELLENOS
de tofu

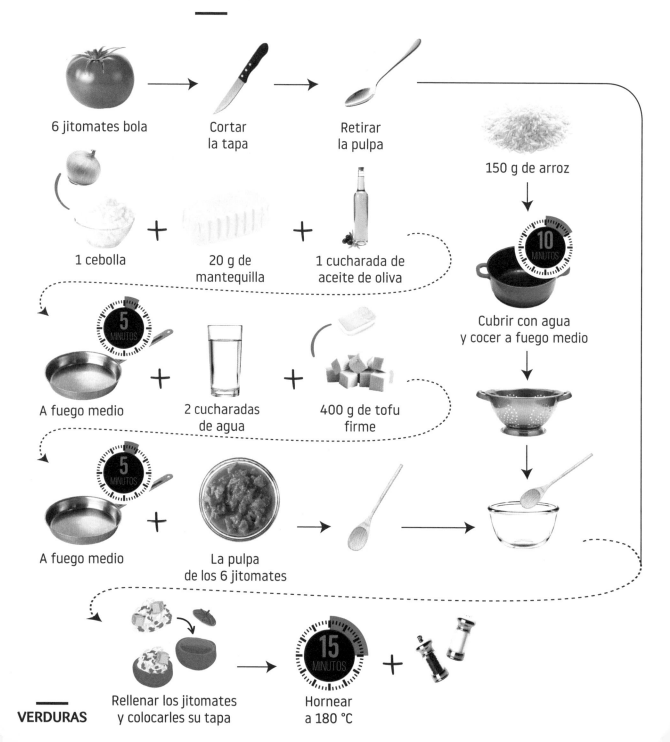

6 jitomates bola → Cortar la tapa → Retirar la pulpa

150 g de arroz

1 cebolla + 20 g de mantequilla + 1 cucharada de aceite de oliva

Cubrir con agua y cocer a fuego medio

10 MINUTOS

A fuego medio + 2 cucharadas de agua + 400 g de tofu firme

5 MINUTOS

A fuego medio + La pulpa de los 6 jitomates

5 MINUTOS

Rellenar los jitomates y colocarles su tapa → Hornear a 180 °C +

15 MINUTOS

Para 6 personas

Preparación: 15 min

Cocción: 25 min

147 JITOMATES ROSTIZADOS
con queso de cabra y albahaca

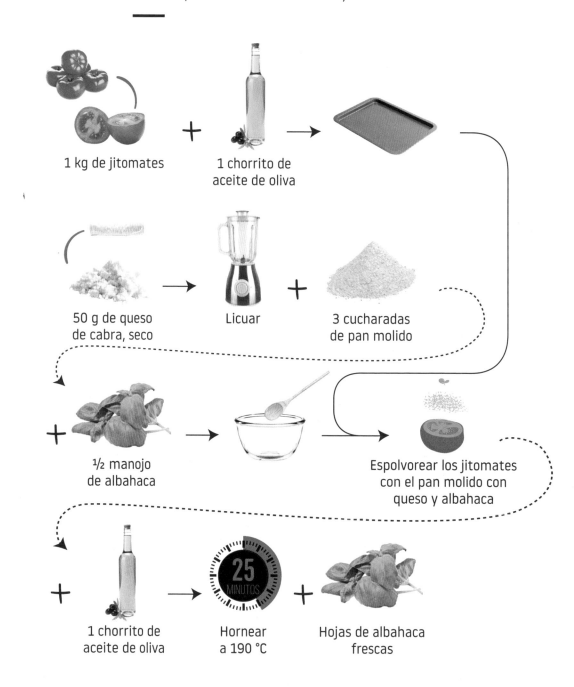

1 kg de jitomates

1 chorrito de
aceite de oliva

50 g de queso
de cabra, seco

Licuar

3 cucharadas
de pan molido

½ manojo
de albahaca

Espolvorear los jitomates
con el pan molido con
queso y albahaca

1 chorrito de
aceite de oliva

25
MINUTOS

Hornear
a 190 °C

Hojas de albahaca
frescas

Para 4 personas

Preparación: 10 min

Cocción: 25 min

148 VERDURAS RELLENAS
de ricota

—

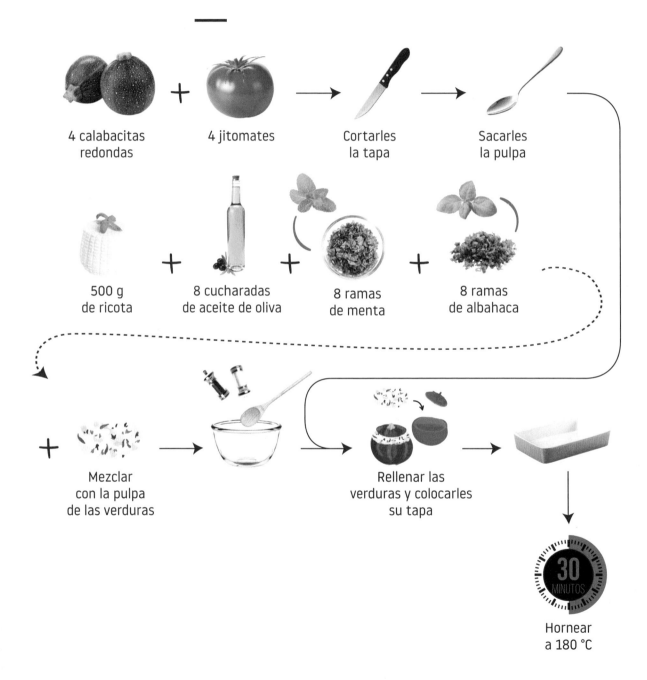

4 calabacitas
redondas

+

4 jitomates

→

Cortarles
la tapa

→

Sacarles
la pulpa

500 g
de ricota

+

8 cucharadas
de aceite de oliva

+

8 ramas
de menta

+

8 ramas
de albahaca

+

Mezclar
con la pulpa
de las verduras

→

→

Rellenar las
verduras y colocarles
su tapa

→

↓

30 MINUTOS

Hornear
a 180 °C

Para 4 personas
Preparación: 15 min
Cocción: 30 min

149 ZANAHORIAS
con comino y cúrcuma

—

1 cucharada
de cominos

\+

3 cucharadas
de aceite

→

A fuego alto

\+

1 cebolla

A fuego medio

\+

800 g de
zanahorias

\+

1 cucharada de
cúrcuma en polvo

\+

2 cucharadas de
comino en polvo

\+

200 ml de agua

\+

→

Tapar y cocer
a fuego bajo

\+

½ manojo
de cilantro

Para 4 personas
Preparación: 15 min
Cocción: 30 min

150 PAPAS
rellenas

—

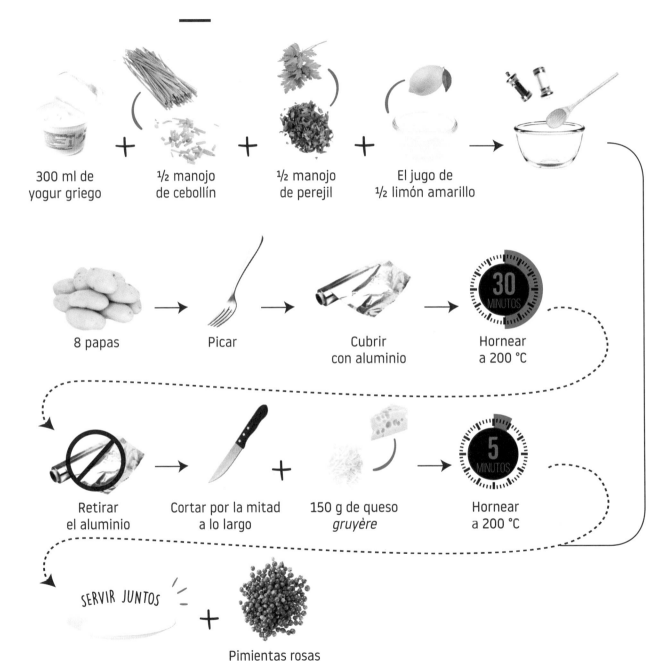

300 ml de
yogur griego

+

½ manojo
de cebollín

+

½ manojo
de perejil

+

El jugo de
½ limón amarillo

8 papas → Picar → Cubrir
con aluminio → Hornear
a 200 °C

Retirar
el aluminio → Cortar por la mitad
a lo largo + 150 g de queso
gruyère → Hornear
a 200 °C

SERVIR JUNTOS + Pimientas rosas

VERDURAS

Para 4 personas

Preparación: 10 min

Cocción: 35 min

151 PAPAS FRITAS
con sal de ajo

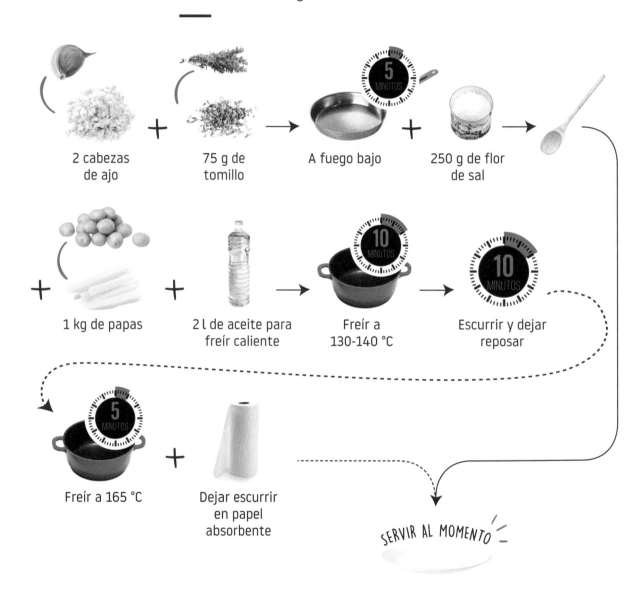

2 cabezas
de ajo

75 g de
tomillo

A fuego bajo

5 MINUTOS

250 g de flor
de sal

1 kg de papas

2 l de aceite para
freír caliente

Freír a
130-140 °C

10 MINUTOS

Escurrir y dejar
reposar

10 MINUTOS

Freír a 165 °C

5 MINUTOS

Dejar escurrir
en papel
absorbente

SERVIR AL MOMENTO

152 RATATOUILLE
provenzal

—

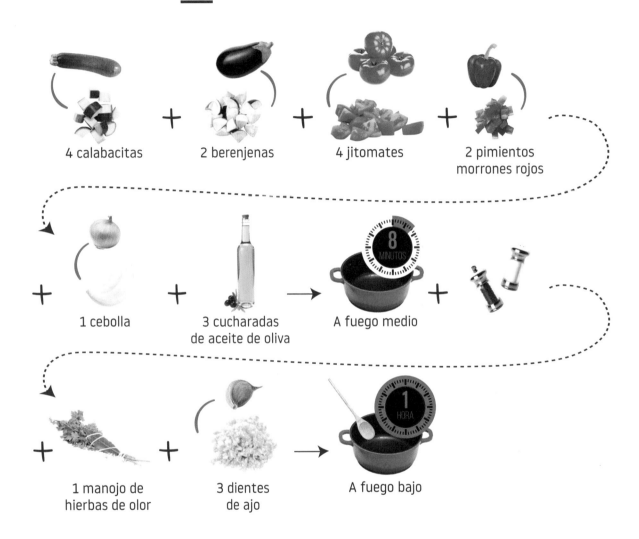

4 calabacitas + 2 berenjenas + 4 jitomates + 2 pimientos morrones rojos

+ 1 cebolla + 3 cucharadas de aceite de oliva → A fuego medio (8 MINUTOS) +

+ 1 manojo de hierbas de olor + 3 dientes de ajo → A fuego bajo (1 HORA)

Para 8 personas
Preparación: 15 min
Cocción: 1 h 8 min

153 PASTEL DE VERDURAS
y tomillo

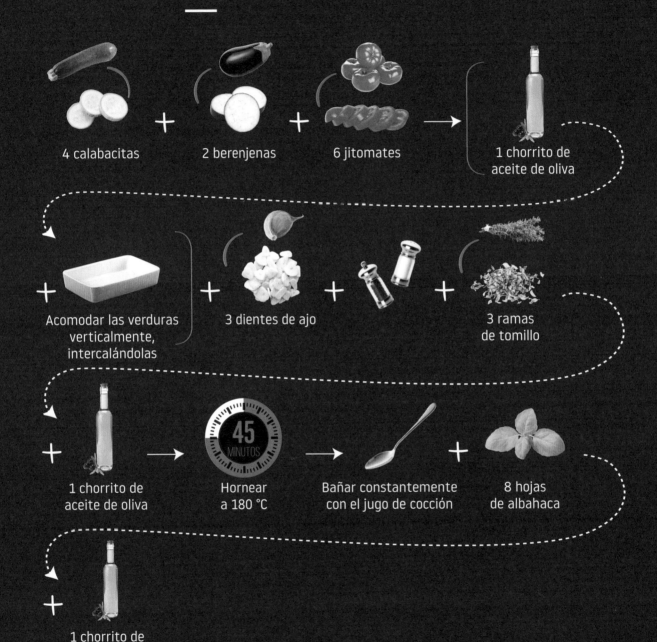

4 calabacitas

+

2 berenjenas

+

6 jitomates

1 chorrito de aceite de oliva

+

Acomodar las verduras verticalmente, intercalándolas

+

3 dientes de ajo

+

3 ramas de tomillo

+

1 chorrito de aceite de oliva

Hornear a 180 °C

45 MINUTOS

Bañar constantemente con el jugo de cocción

+

8 hojas de albahaca

+

1 chorrito de aceite de oliva

154 ESPAGUETI
de calabacitas con ricota

—

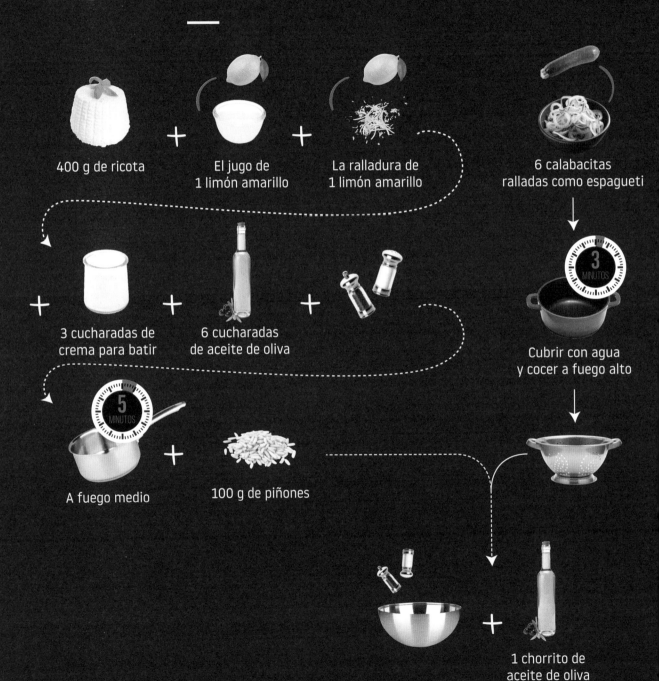

400 g de ricota

+

El jugo de
1 limón amarillo

+

La ralladura de
1 limón amarillo

6 calabacitas
ralladas como espagueti

+

3 cucharadas de
crema para batir

+

6 cucharadas
de aceite de oliva

+

3
MINUTOS

Cubrir con agua
y cocer a fuego alto

5
MINUTOS

A fuego medio

+

100 g de piñones

+

1 chorrito de
aceite de oliva

155 TORTITAS
de ayocotes

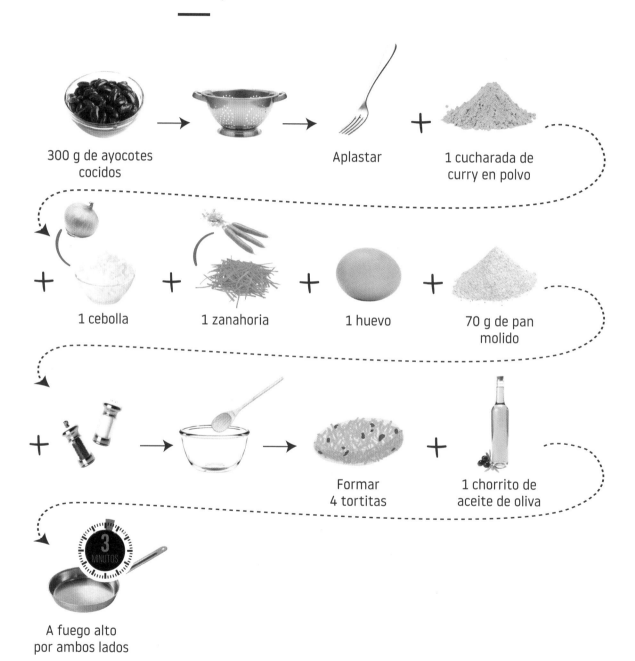

300 g de ayocotes cocidos

Aplastar

1 cucharada de curry en polvo

1 cebolla

1 zanahoria

1 huevo

70 g de pan molido

Formar 4 tortitas

1 chorrito de aceite de oliva

3 MINUTOS

A fuego alto por ambos lados

156 TORTILLA
de papas

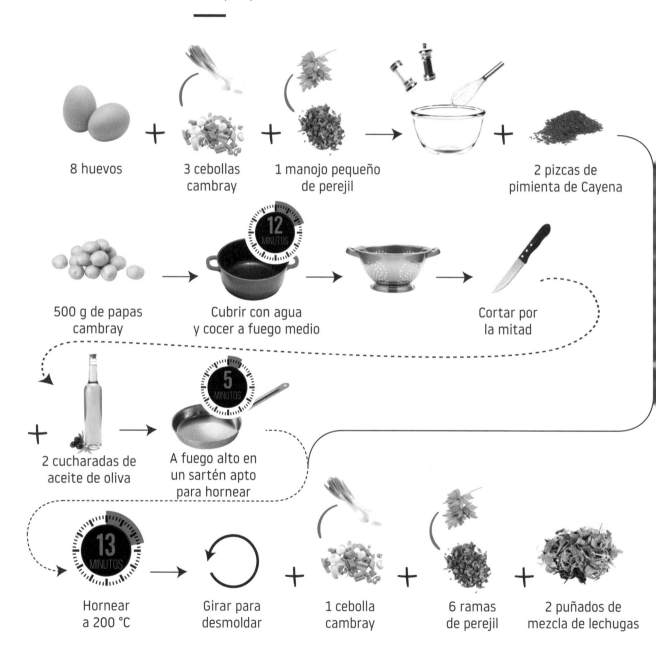

8 huevos + 3 cebollas cambray + 1 manojo pequeño de perejil → + 2 pizcas de pimienta de Cayena

500 g de papas cambray → **12 MINUTOS** Cubrir con agua y cocer a fuego medio → Cortar por la mitad

+ 2 cucharadas de aceite de oliva → **5 MINUTOS** A fuego alto en un sartén apto para hornear

13 MINUTOS Hornear a 200 °C → Girar para desmoldar + 1 cebolla cambray + 6 ramas de perejil + 2 puñados de mezcla de lechugas

Para 6 personas

Preparación: 20 min

Cocción: 30 min

157 FRITTATA DE ESPINACAS
y champiñones

—

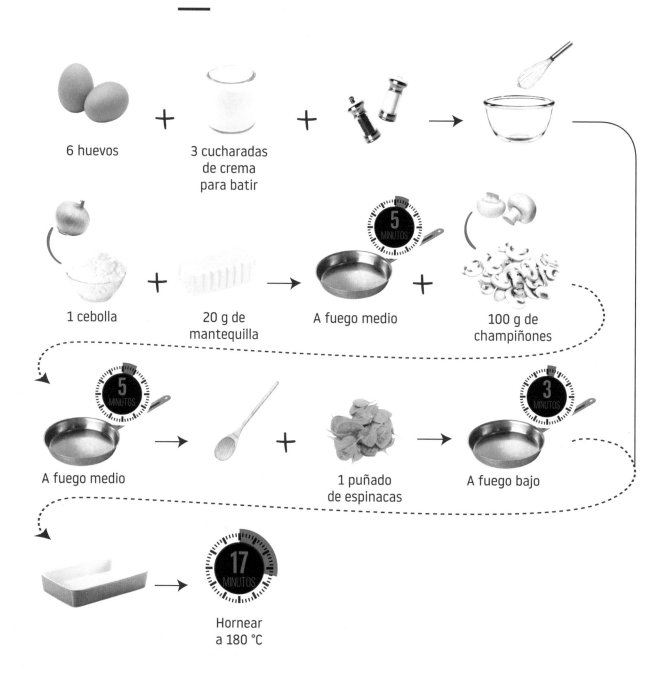

6 huevos + 3 cucharadas de crema para batir + →

1 cebolla + 20 g de mantequilla → A fuego medio (5 MINUTOS) + 100 g de champiñones

A fuego medio (5 MINUTOS) → + 1 puñado de espinacas → A fuego bajo (3 MINUTOS)

→ Hornear a 180 °C (17 MINUTOS)

158 OMELETTE
de champiñones

—

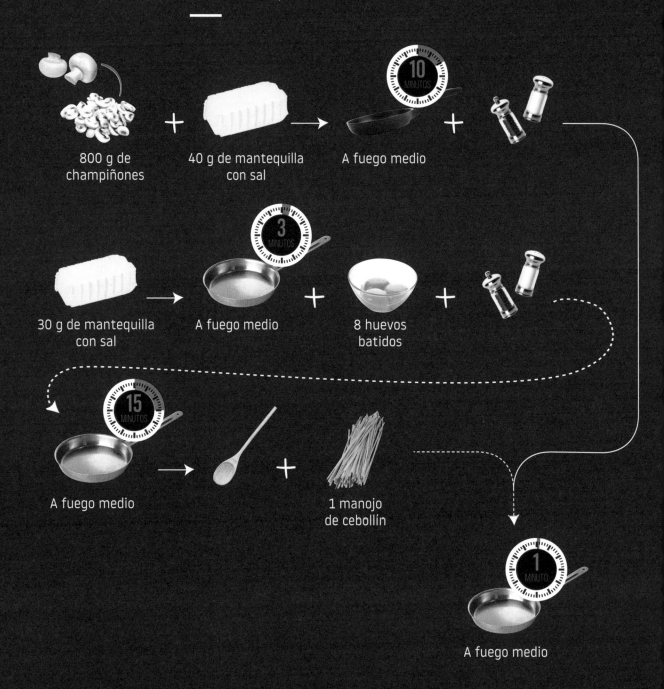

800 g de champiñones

+

40 g de mantequilla con sal

→ **10 MINUTOS**

A fuego medio

+

30 g de mantequilla con sal

→ **3 MINUTOS**

A fuego medio

+

8 huevos batidos

+

15 MINUTOS

A fuego medio

→

+

1 manojo de cebollín

1 MINUTO

A fuego medio

Para 4 personas

Preparación: 15 min

Cocción: 19 min

159 CAPONATA
siciliana

—

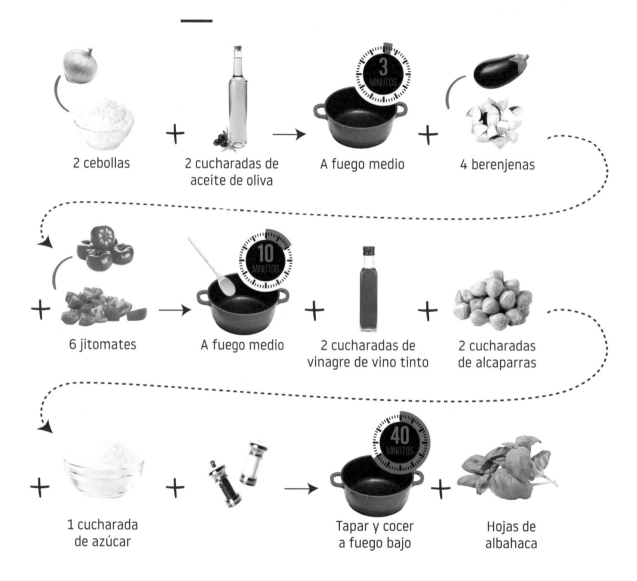

2 cebollas + 2 cucharadas de aceite de oliva → A fuego medio **3 MINUTOS** + 4 berenjenas

+ 6 jitomates → A fuego medio **10 MINUTOS** + 2 cucharadas de vinagre de vino tinto + 2 cucharadas de alcaparras

+ 1 cucharada de azúcar + → Tapar y cocer a fuego bajo **40 MINUTOS** + Hojas de albahaca

Para 4 personas

Preparación: 15 min

Cocción: 53 min

160 HAMBURGUESAS
vegetarianas de berenjena

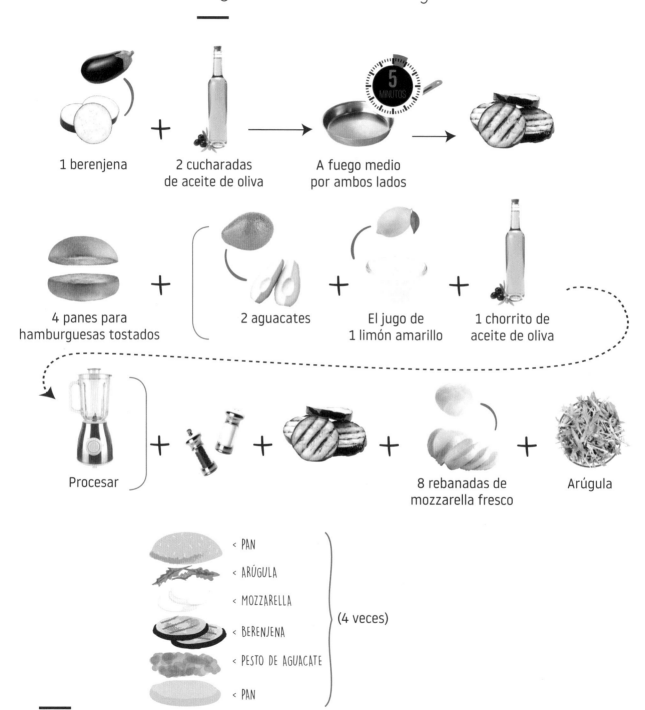

1 berenjena + **2 cucharadas de aceite de oliva** → **A fuego medio por ambos lados** →

5 MINUTOS

4 panes para hamburguesas tostados + (**2 aguacates** + **El jugo de 1 limón amarillo** + **1 chorrito de aceite de oliva**)

Procesar + + + **8 rebanadas de mozzarella fresco** + **Arúgula**

< PAN
< ARÚGULA
< MOZZARELLA
< BERENJENA
< PESTO DE AGUACATE
< PAN

(4 veces)

VERDURAS   Armar las hamburguesas

Para 4 personas

Preparación: 15 min

Cocción: 10 min

161 PANQUÉ
chocopera

—

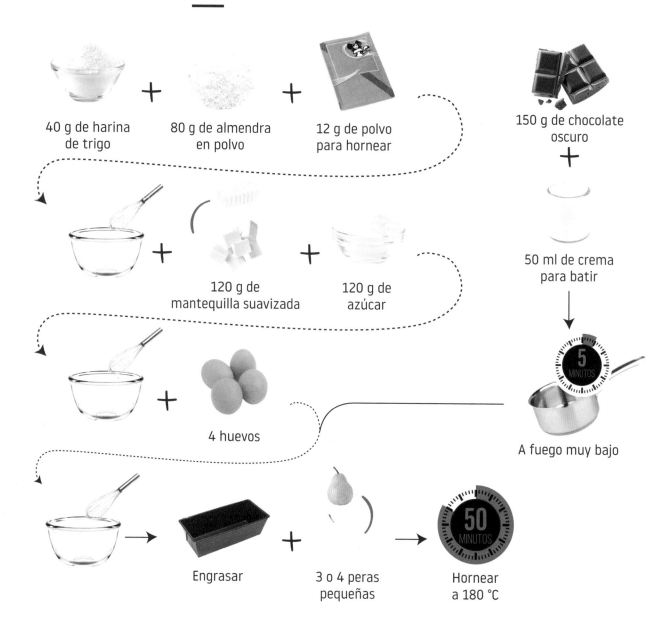

40 g de harina de trigo

80 g de almendra en polvo

12 g de polvo para hornear

150 g de chocolate oscuro

120 g de mantequilla suavizada

120 g de azúcar

50 ml de crema para batir

4 huevos

5 MINUTOS

A fuego muy bajo

Engrasar

3 o 4 peras pequeñas

50 MINUTOS

Hornear a 180 °C

162 FONDANT TIBIO
de chocolate y jengibre

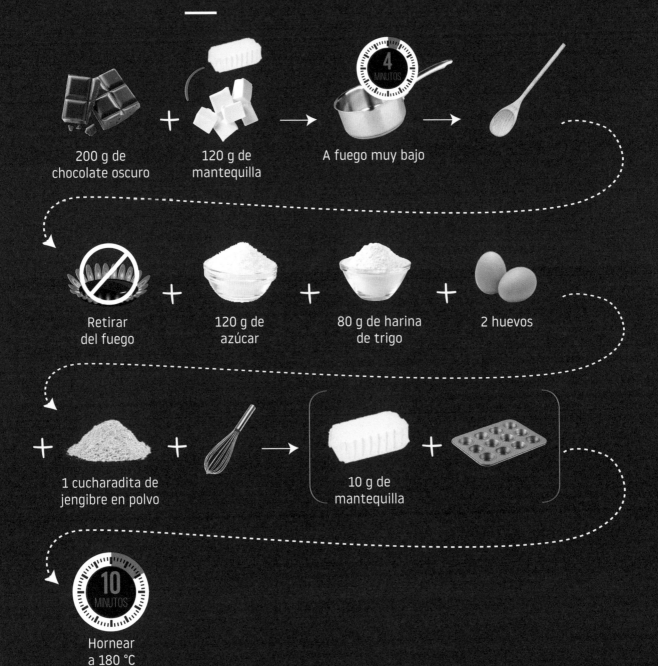

200 g de
chocolate oscuro

120 g de
mantequilla

4 MINUTOS

A fuego muy bajo

Retirar
del fuego

120 g de
azúcar

80 g de harina
de trigo

2 huevos

1 cucharadita de
jengibre en polvo

10 g de
mantequilla

10 MINUTOS

Hornear
a 180 °C

Para 6 personas

Preparación: 10 min

Cocción: 14 min

163 BROWNIE
con nuez

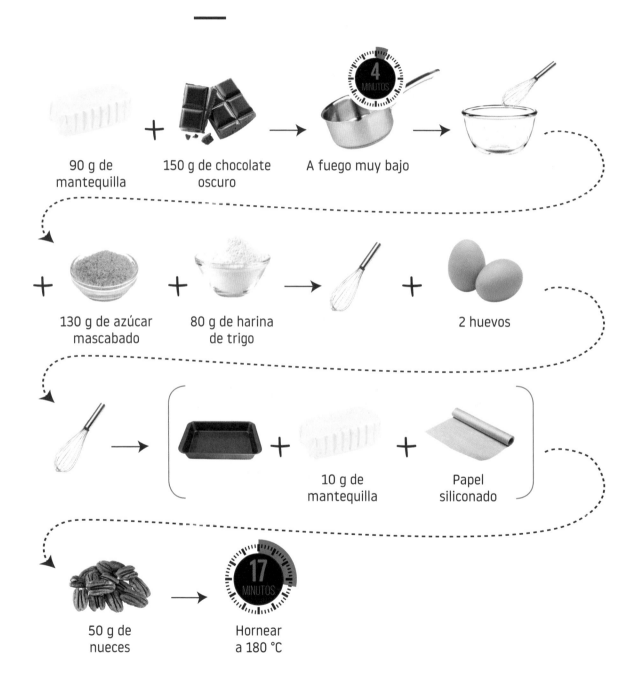

90 g de mantequilla

150 g de chocolate oscuro

A fuego muy bajo

4 MINUTOS

130 g de azúcar mascabado

80 g de harina de trigo

2 huevos

10 g de mantequilla

Papel siliconado

50 g de nueces

Hornear a 180 °C

17 MINUTOS

Para 8 personas

Preparación: 10 min

Cocción: 21 min

164 PASTEL DE CHOCOLATE
para principiantes

—

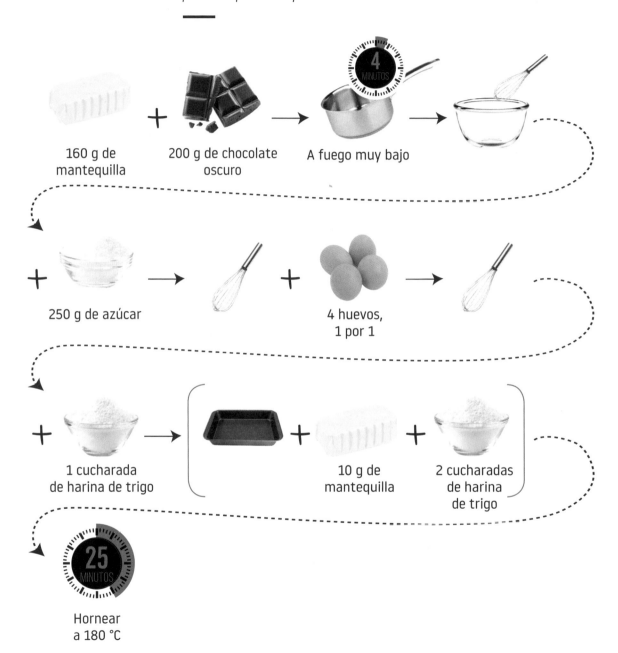

160 g de
mantequilla

+

200 g de chocolate
oscuro

A fuego muy bajo

4
MINUTOS

+

250 g de azúcar

+

4 huevos,
1 por 1

+

1 cucharada
de harina de trigo

10 g de
mantequilla

+

2 cucharadas
de harina
de trigo

25
MINUTOS

Hornear
a 180 °C

Para 6 personas

Preparación: 15 min

Cocción: 29 min

165 PANQUÉ
marmoleado

—

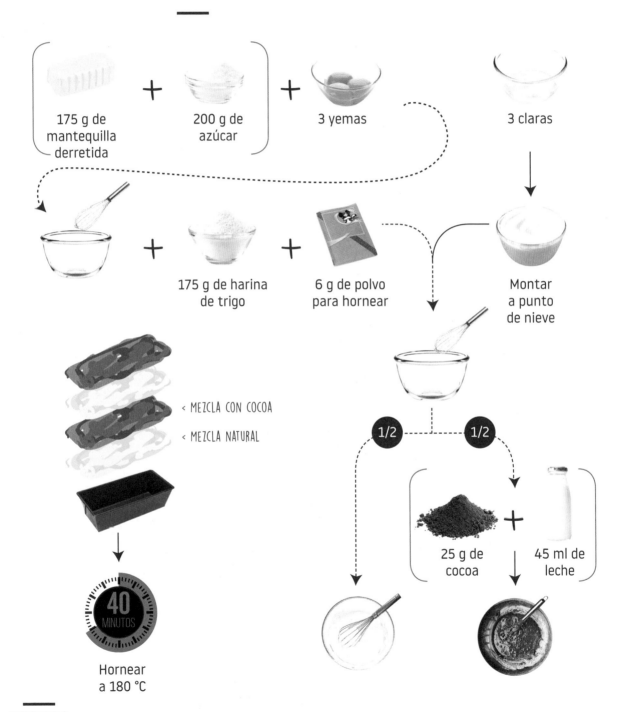

175 g de mantequilla derretida

+

200 g de azúcar

+

3 yemas

3 claras

+

175 g de harina de trigo

+

6 g de polvo para hornear

Montar a punto de nieve

< MEZCLA CON COCOA

< MEZCLA NATURAL

1/2

1/2

25 g de cocoa

+

45 ml de leche

40 MINUTOS

Hornear a 180 °C

Para 6 personas

Preparación: 15 min

Cocción: 40 min

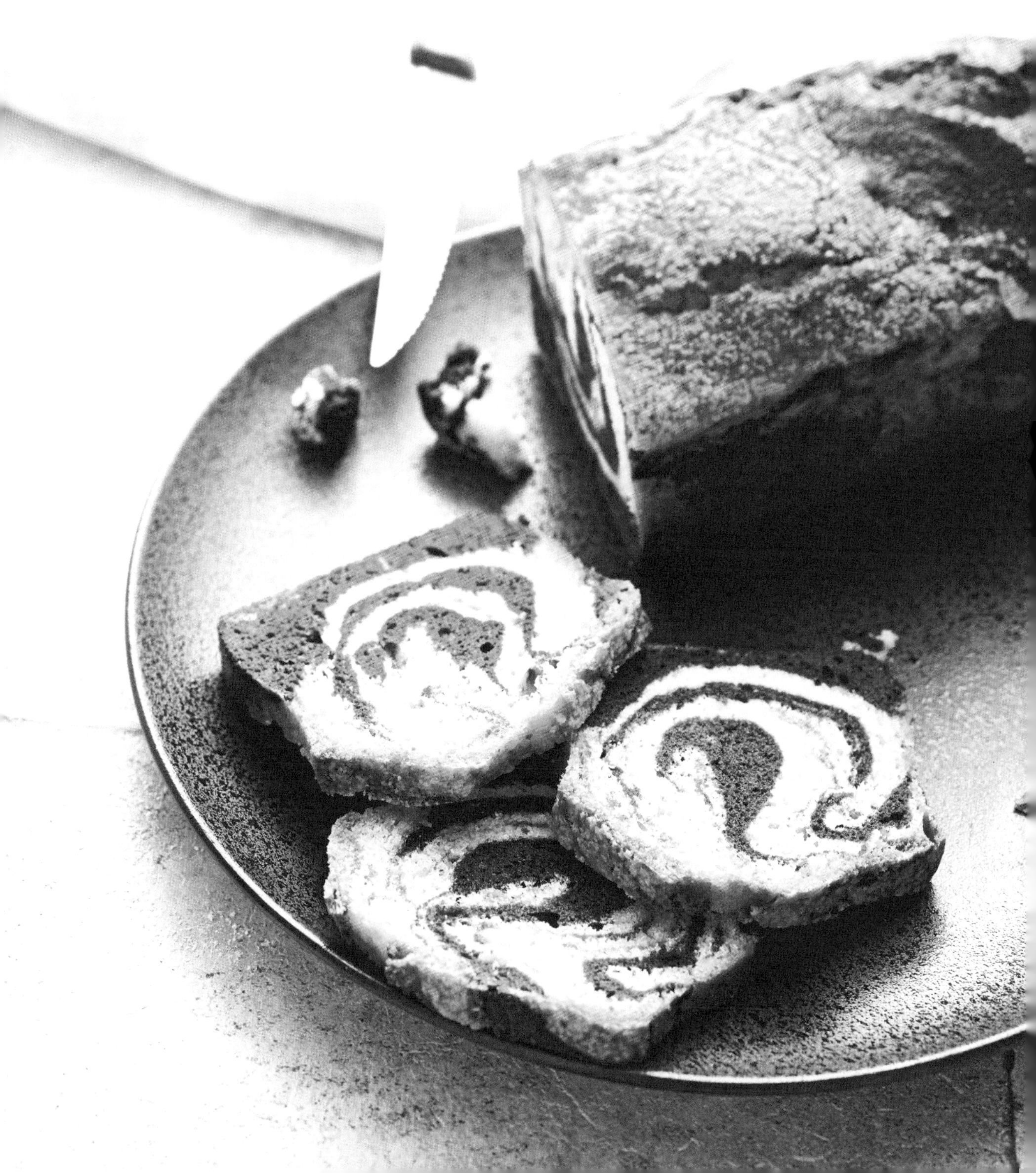

166 CLAFOUTIS
de cerezas y almendra

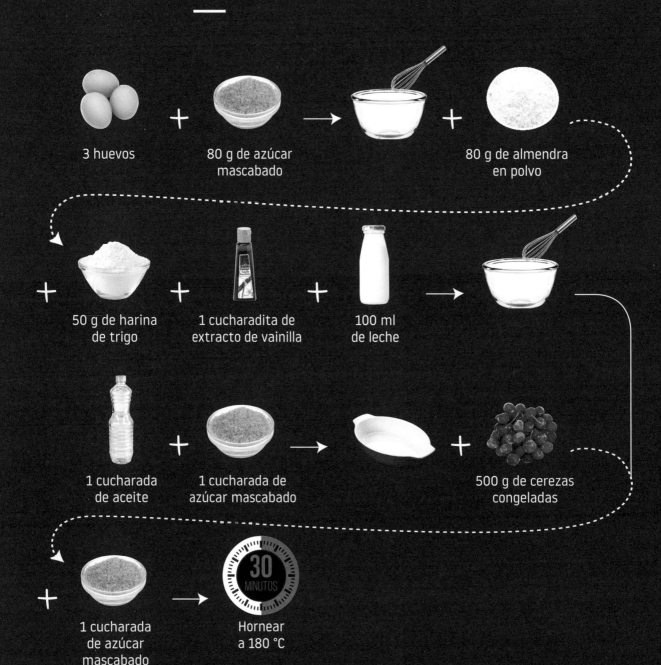

3 huevos

+

80 g de azúcar mascabado

→

+

80 g de almendra en polvo

+

50 g de harina de trigo

+

1 cucharadita de extracto de vainilla

+

100 ml de leche

→

+

1 cucharada de aceite

+

1 cucharada de azúcar mascabado

→

+

500 g de cerezas congeladas

+

1 cucharada de azúcar mascabado

→

30 MINUTOS

Hornear a 180 °C

167 BOCADITOS
de limón amarillo

—

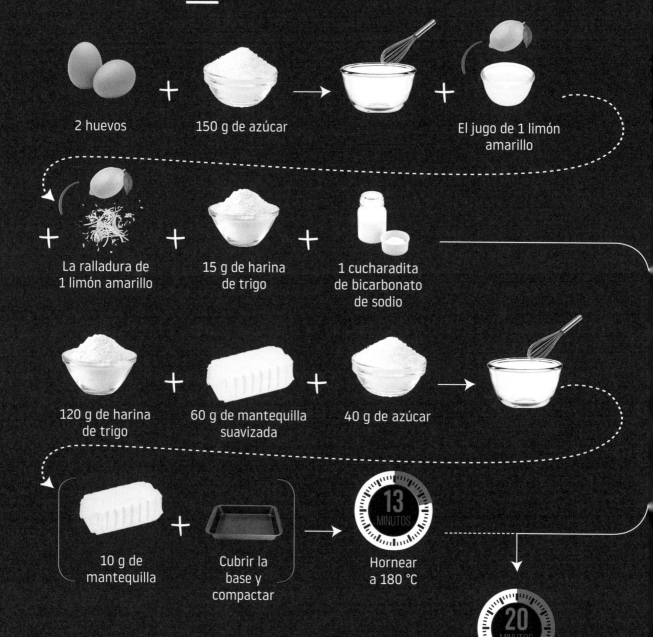

2 huevos

150 g de azúcar

El jugo de 1 limón amarillo

La ralladura de 1 limón amarillo

15 g de harina de trigo

1 cucharadita de bicarbonato de sodio

120 g de harina de trigo

60 g de mantequilla suavizada

40 g de azúcar

10 g de mantequilla

Cubrir la base y compactar

13 MINUTOS
Hornear a 180 °C

20 MINUTOS
Hornear a 180 °C

POSTRES

Para 8 personas

Preparación: 20 min

Cocción: 33 min

168 VOLTEADO
de piña

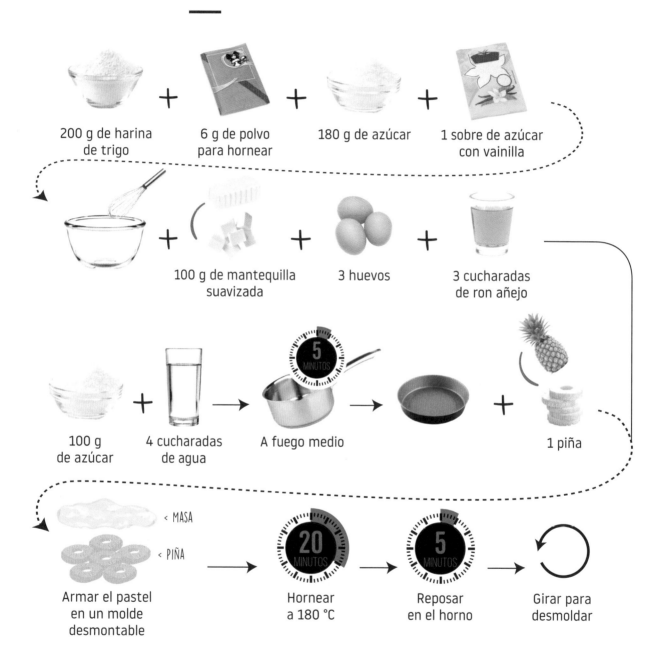

200 g de harina de trigo

6 g de polvo para hornear

180 g de azúcar

1 sobre de azúcar con vainilla

100 g de mantequilla suavizada

3 huevos

3 cucharadas de ron añejo

100 g de azúcar

4 cucharadas de agua

A fuego medio

5 MINUTOS

1 piña

< MASA

< PIÑA

Armar el pastel en un molde desmontable

20 MINUTOS
Hornear a 180 °C

5 MINUTOS
Reposar en el horno

Girar para desmoldar

169 TARTA
de frutos rojos

—

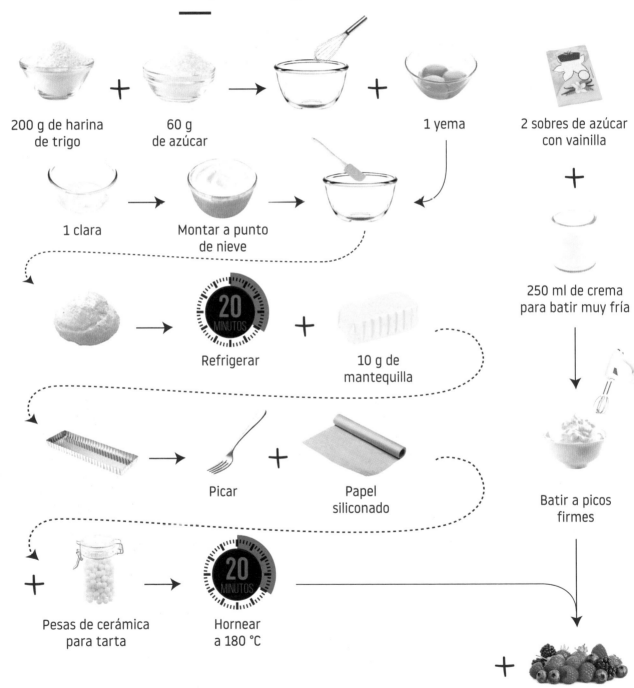

200 g de harina
de trigo

60 g
de azúcar

1 yema

2 sobres de azúcar
con vainilla

1 clara

Montar a punto
de nieve

250 ml de crema
para batir muy fría

20 MINUTOS
Refrigerar

10 g de
mantequilla

Picar

Papel
siliconado

Batir a picos
firmes

Pesas de cerámica
para tarta

20 MINUTOS
Hornear
a 180 °C

400 g de mezcla
de frutos rojos

Para 8 personas

Preparación: 20 min

Refrigeración: 20 min

Cocción: 20 min

170 TARTA TATIN
de pera

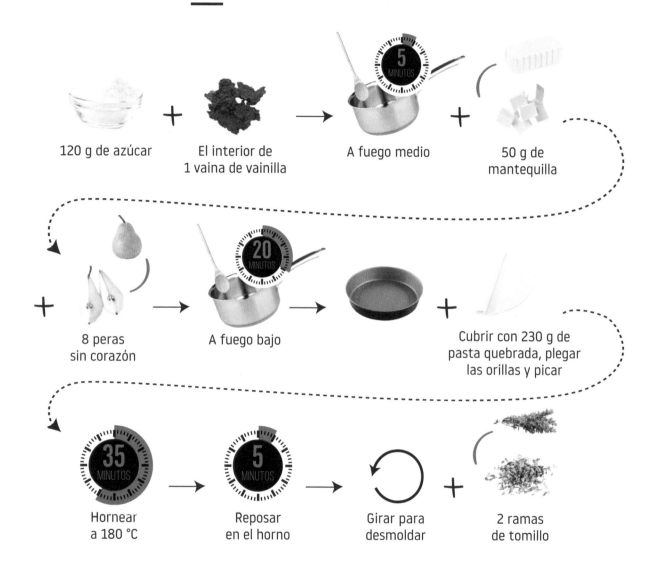

120 g de azúcar

El interior de
1 vaina de vainilla

A fuego medio

50 g de
mantequilla

8 peras
sin corazón

A fuego bajo

Cubrir con 230 g de
pasta quebrada, plegar
las orillas y picar

Hornear
a 180 °C

Reposar
en el horno

Girar para
desmoldar

2 ramas
de tomillo

Para 8 personas

Preparación: 15 min

Cocción: 1 h

Reposo: 5 min

171 TARTA DE FRUTAS
con crema de almendra

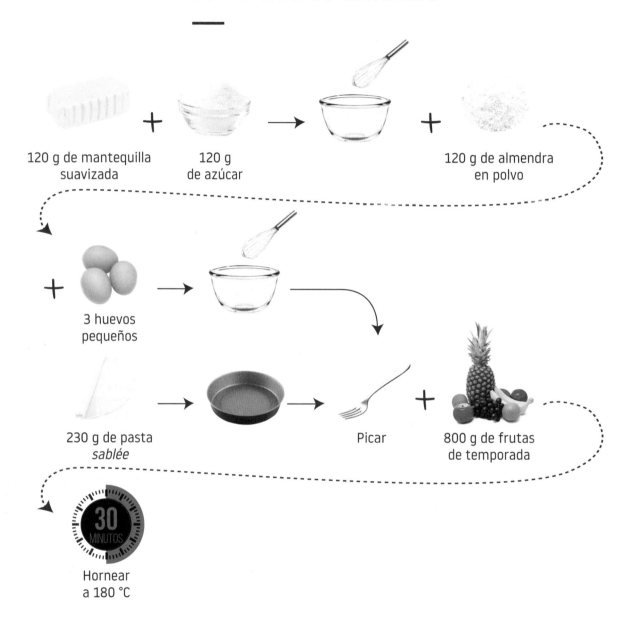

120 g de mantequilla suavizada

120 g de azúcar

120 g de almendra en polvo

3 huevos pequeños

230 g de pasta *sablée*

Picar

800 g de frutas de temporada

30 MINUTOS

Hornear a 180 °C

172 KEY *lime pie*

—

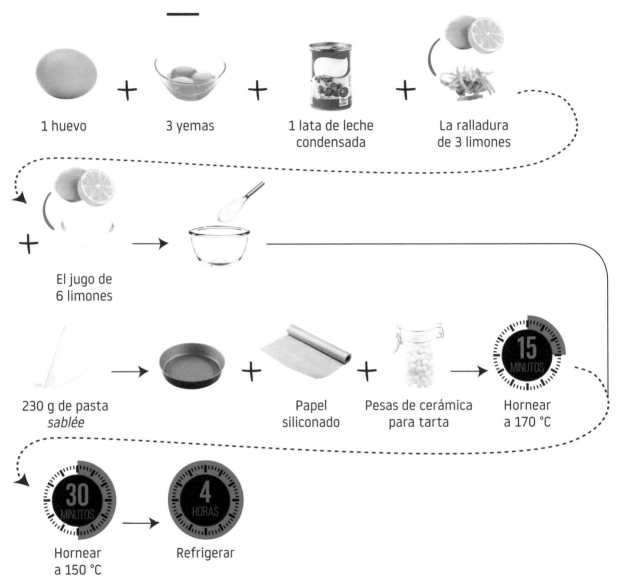

1 huevo + 3 yemas + 1 lata de leche condensada + La ralladura de 3 limones

+ El jugo de 6 limones →

230 g de pasta *sablée* → + Papel siliconado + Pesas de cerámica para tarta → **15 MINUTOS** Hornear a 170 °C

30 MINUTOS Hornear a 150 °C → **4 HORAS** Refrigerar

173 PASTELES
de nata
—

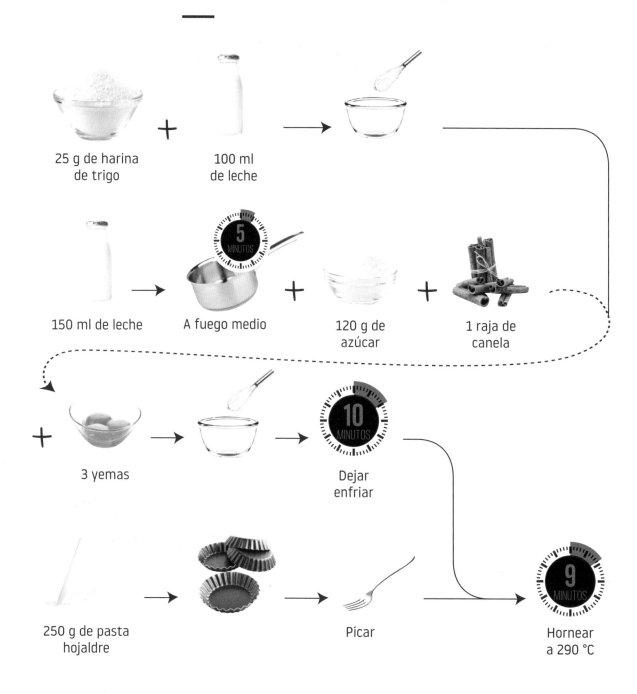

25 g de harina
de trigo

+

100 ml
de leche

→

150 ml de leche

→

5 MINUTOS

A fuego medio

+

120 g de
azúcar

+

1 raja de
canela

+

3 yemas

→

→

10 MINUTOS

Dejar
enfriar

250 g de pasta
hojaldre

→

→

Picar

9 MINUTOS

Hornear
a 290 °C

174 CRUMBLE DE MANZANAS
con frambuesas
—

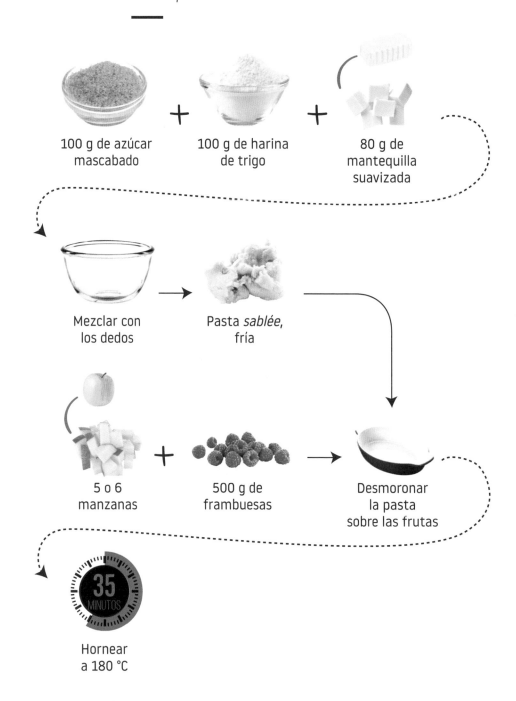

100 g de azúcar
mascabado

+

100 g de harina
de trigo

+

80 g de
mantequilla
suavizada

Mezclar con
los dedos

Pasta *sablée*,
fría

5 o 6
manzanas

+

500 g de
frambuesas

Desmoronar
la pasta
sobre las frutas

35 MINUTOS

Hornear
a 180 °C

Para 6 personas

Preparación: 15 min

Cocción: 35 min

175 GRANOLA
a la vainilla
—

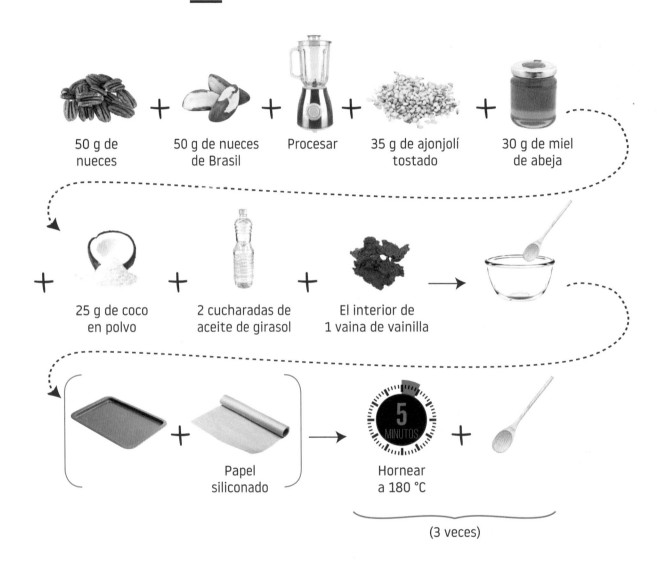

50 g de nueces

+

50 g de nueces de Brasil

+

Procesar

+

35 g de ajonjolí tostado

+

30 g de miel de abeja

+

25 g de coco en polvo

+

2 cucharadas de aceite de girasol

+

El interior de 1 vaina de vainilla

Papel siliconado

5 MINUTOS
Hornear a 180 °C

+

(3 veces)

Para 6 personas

Preparación: 10 min

Cocción: 15 min

176 ENuAMBRES
de chocolate

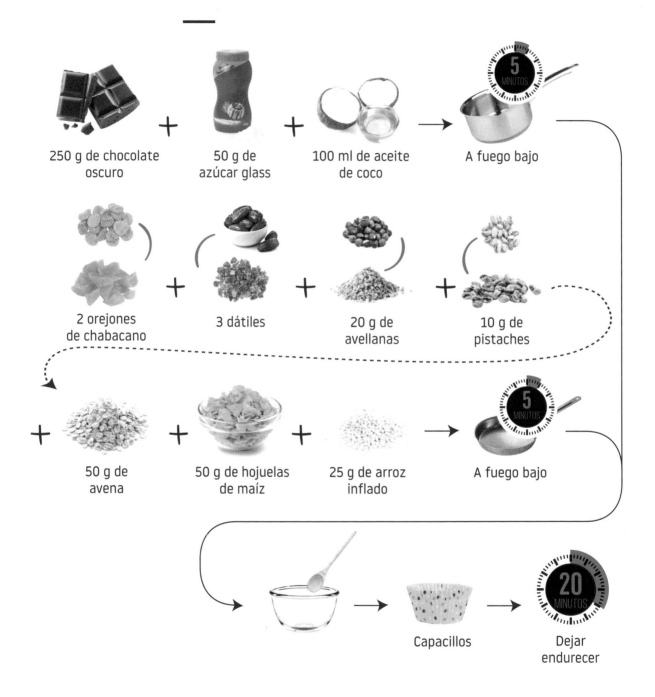

250 g de chocolate oscuro + 50 g de azúcar glass + 100 ml de aceite de coco → A fuego bajo (5 MINUTOS)

2 orejones de chabacano + 3 dátiles + 20 g de avellanas + 10 g de pistaches

50 g de avena + 50 g de hojuelas de maíz + 25 g de arroz inflado → A fuego bajo (5 MINUTOS)

Capacillos → Dejar endurecer (20 MINUTOS)

177 MANZANAS HORNEADAS
con avellanas caramelizadas

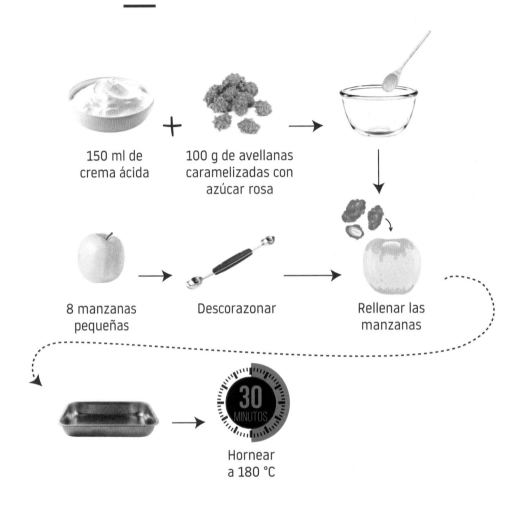

150 ml de crema ácida

+

100 g de avellanas caramelizadas con azúcar rosa

8 manzanas pequeñas

Descorazonar

Rellenar las manzanas

Hornear a 180 °C

30 MINUTOS

Para las Avellanas caramelizadas, ponga en un sartén 1 taza de avellanas con 75 ml de agua, 80 g de azúcar y colorante rosa y deje que se caramelicen. Mézclelas con 17 g de azúcar glass y déjelas enfriar. Repita el proceso de caramelización y procéselas hasta obtener la textura deseada.

178 ROLLOS DE VERANO
con frutas

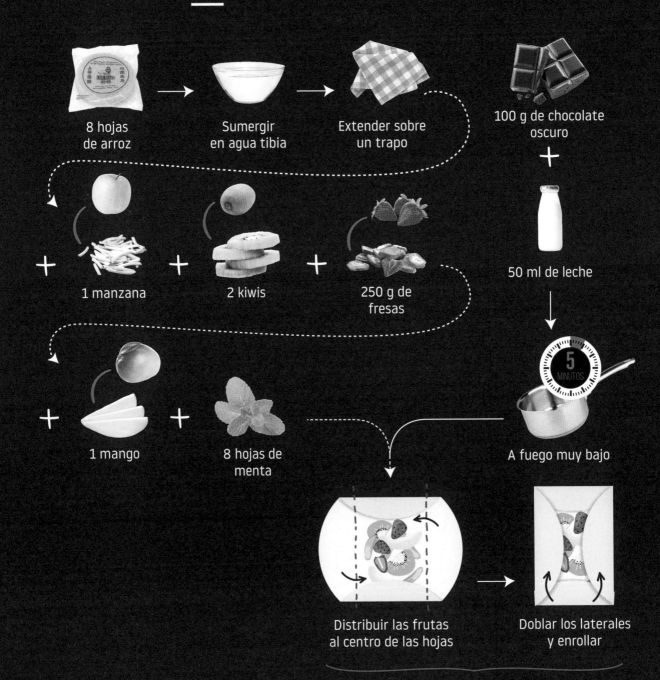

8 hojas
de arroz

Sumergir
en agua tibia

Extender sobre
un trapo

100 g de chocolate
oscuro

1 manzana

2 kiwis

250 g de
fresas

50 ml de leche

1 mango

8 hojas de
menta

A fuego muy bajo

5 MINUTOS

Distribuir las frutas
al centro de las hojas

Doblar los laterales
y enrollar

(8 veces)

Para 4 personas
Preparación: 10 min
Cocción: 5 min

179 ROSAS
de aguacate

—

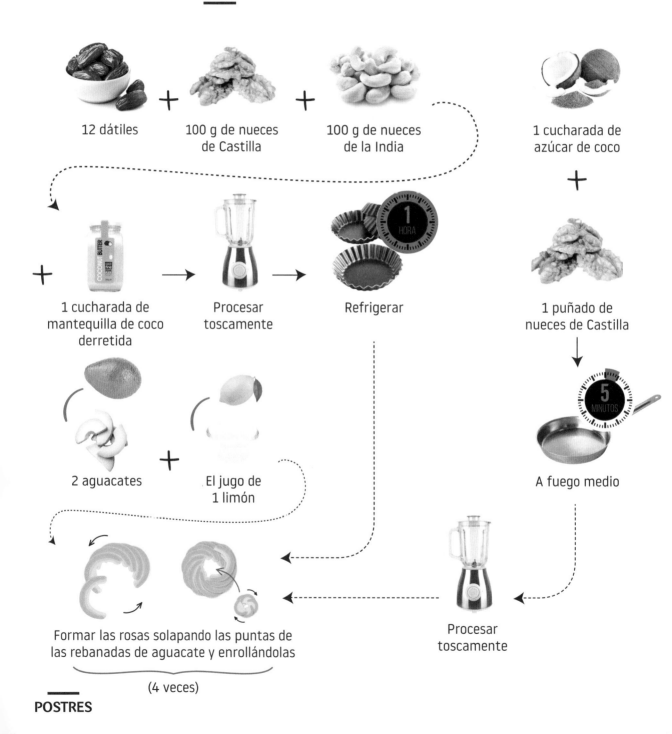

12 dátiles + 100 g de nueces de Castilla + 100 g de nueces de la India

1 cucharada de azúcar de coco

+ 1 cucharada de mantequilla de coco derretida → Procesar toscamente → Refrigerar

1 HORA

+

1 puñado de nueces de Castilla

5 MINUTOS

A fuego medio

2 aguacates + El jugo de 1 limón

Formar las rosas solapando las puntas de las rebanadas de aguacate y enrollándolas

(4 veces)

Procesar toscamente

Para 4 personas

Preparación: 15 min

Refrigeración: 1 h

Cocción: 5 min

180 CHEESECAKE
de pera

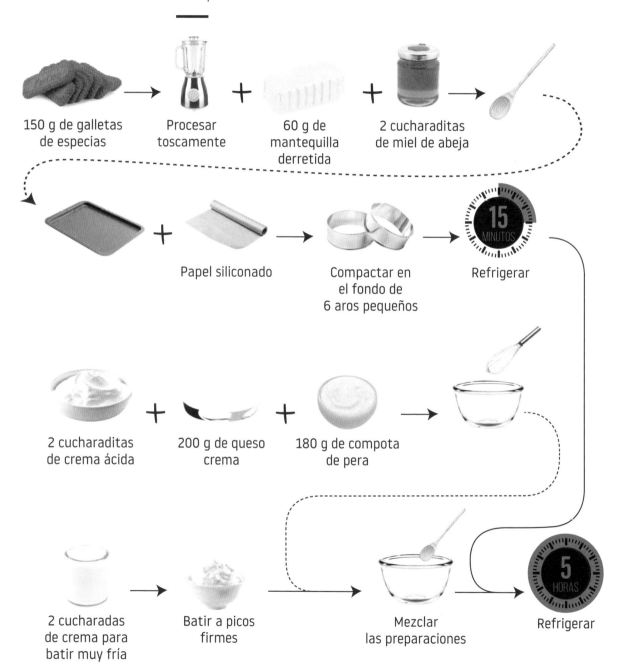

150 g de galletas de especias → Procesar toscamente + 60 g de mantequilla derretida + 2 cucharaditas de miel de abeja →

+ Papel siliconado → Compactar en el fondo de 6 aros pequeños → **15 MINUTOS** Refrigerar

2 cucharaditas de crema ácida + 200 g de queso crema + 180 g de compota de pera →

2 cucharadas de crema para batir muy fría → Batir a picos firmes → Mezclar las preparaciones → **5 HORAS** Refrigerar

181 ETON MESS
con frutos rojos
—

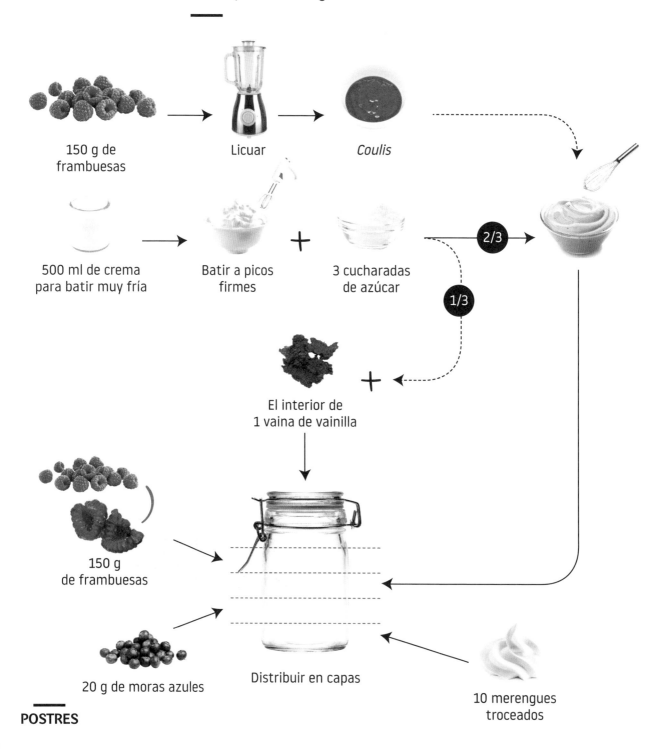

150 g de
frambuesas

Licuar

Coulis

500 ml de crema
para batir muy fría

Batir a picos
firmes

+

3 cucharadas
de azúcar

2/3

1/3

El interior de
1 vaina de vainilla

+

150 g
de frambuesas

20 g de moras azules

Distribuir en capas

10 merengues
troceados

182 TIRAMISÚ
con Marsala

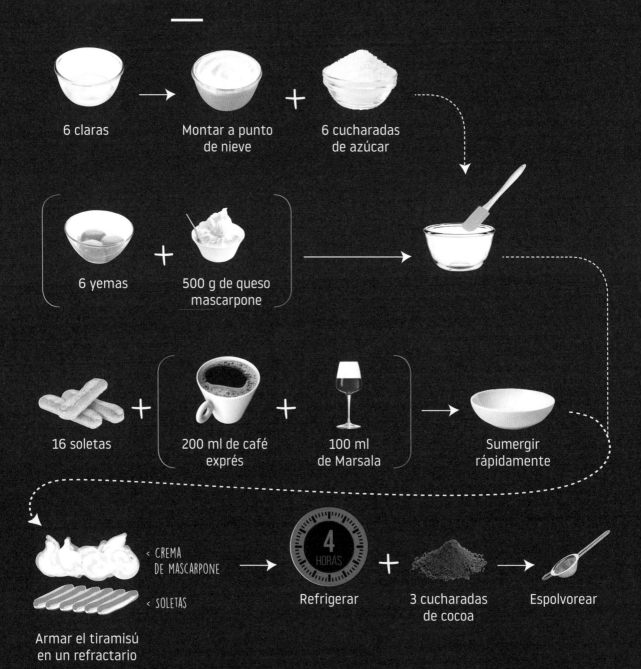

6 claras → Montar a punto de nieve + 6 cucharadas de azúcar

6 yemas + 500 g de queso mascarpone →

16 soletas + [200 ml de café exprés + 100 ml de Marsala] → Sumergir rápidamente

Armar el tiramisú en un refractario
< CREMA DE MASCARPONE
< SOLETAS
→ Refrigerar
4 HORAS
+ 3 cucharadas de cocoa → Espolvorear

Para 8 personas

Preparación: 15 min

Refrigeración: 4 h

183 PANNA COTTA
con coulis

—

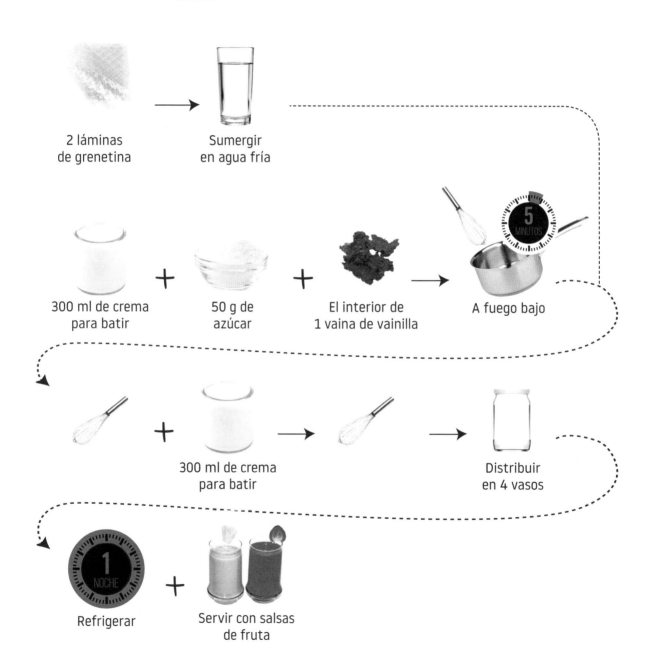

2 láminas de grenetina → **Sumergir en agua fría**

300 ml de crema para batir + **50 g de azúcar** + **El interior de 1 vaina de vainilla** → **A fuego bajo** (5 MINUTOS)

+ **300 ml de crema para batir** → → **Distribuir en 4 vasos**

Refrigerar (1 NOCHE) + **Servir con salsas de fruta**

184 CRÈME BRÛLÉE
de haba tonka

—

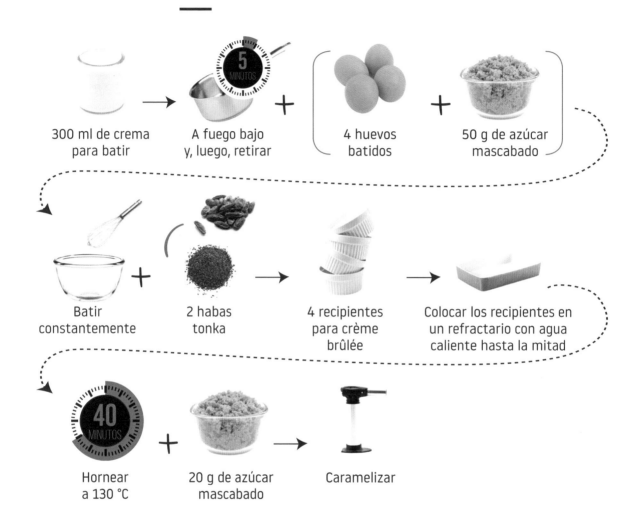

300 ml de crema para batir → A fuego bajo y, luego, retirar — 5 MINUTOS

+ 4 huevos batidos + 50 g de azúcar mascabado

Batir constantemente + 2 habas tonka → 4 recipientes para crème brûlée → Colocar los recipientes en un refractario con agua caliente hasta la mitad

Hornear a 130 °C — 40 MINUTOS + 20 g de azúcar mascabado → Caramelizar

Para 4 personas

Preparación: 15 min

Cocción: 45 min

185 MOUSSE
de fresa

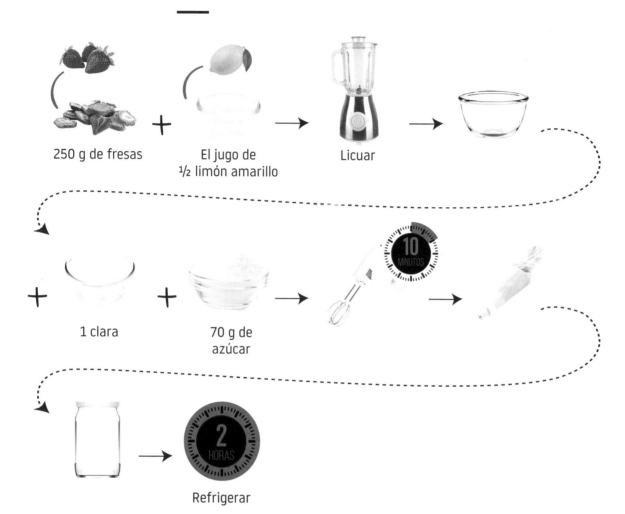

250 g de fresas

El jugo de
½ limón amarillo

Licuar

1 clara

70 g de
azúcar

10 MINUTOS

2 HORAS

Refrigerar

Para 6 personas
Preparación: 20 min
Refrigeración: 2 h

186 MOUSSE
de chocolate

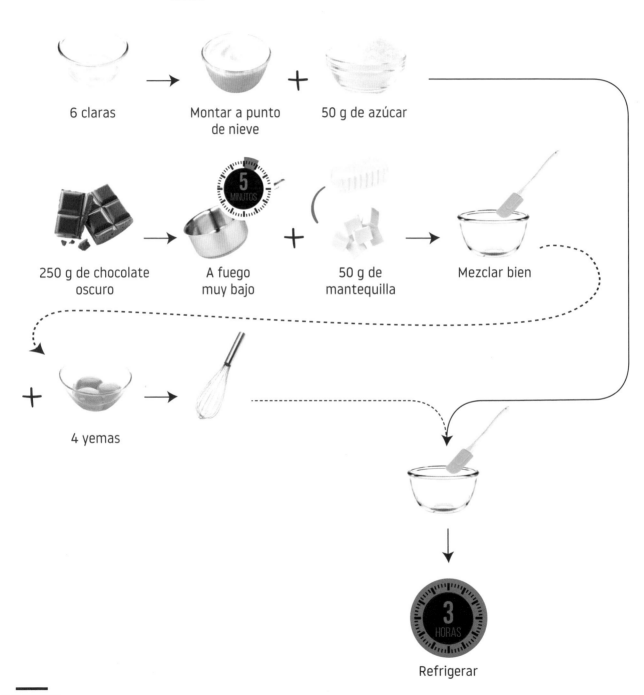

6 claras → Montar a punto de nieve + 50 g de azúcar

250 g de chocolate oscuro → A fuego muy bajo **5 MINUTOS** + 50 g de mantequilla → Mezclar bien

+ 4 yemas →

3 HORAS Refrigerar

187 GALETTE
des rois

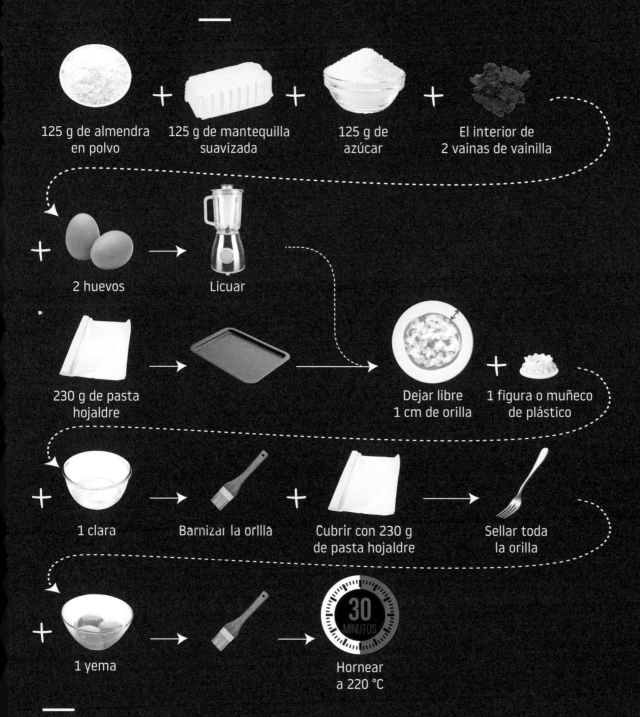

125 g de almendra
en polvo

+

125 g de mantequilla
suavizada

+

125 g de
azúcar

+

El interior de
2 vainas de vainilla

+

2 huevos

Licuar

230 g de pasta
hojaldre

Dejar libre
1 cm de orilla

+

1 figura o muñeco
de plástico

+

1 clara

Barnizar la orilla

+

Cubrir con 230 g
de pasta hojaldre

Sellar toda
la orilla

+

1 yema

30 MINUTOS

Hornear
a 220 °C

Para 8 personas
Preparación: 15 min
Cocción: 30 min

188 TRONCO DE MANGO
y maracuyá
—

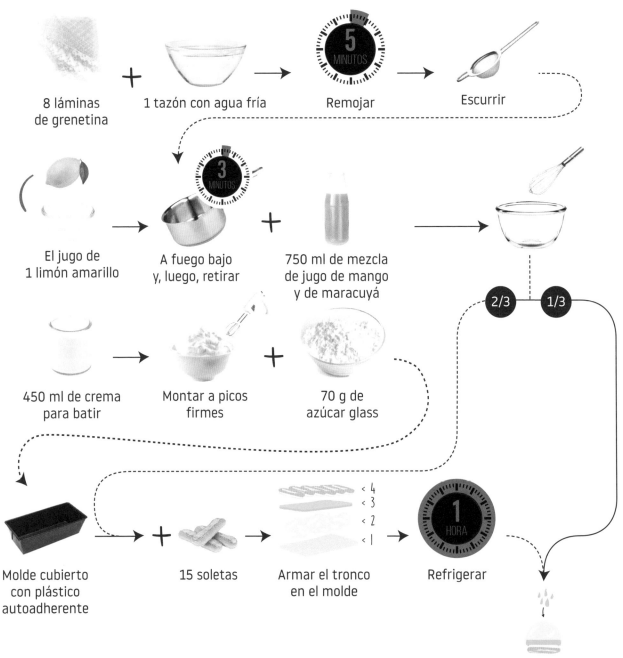

8 láminas
de grenetina

1 tazón con agua fría

5 MINUTOS
Remojar

Escurrir

El jugo de
1 limón amarillo

3 MINUTOS
A fuego bajo
y, luego, retirar

750 ml de mezcla
de jugo de mango
y de maracuyá

2/3 1/3

450 ml de crema
para batir

Montar a picos
firmes

70 g de
azúcar glass

Molde cubierto
con plástico
autoadherente

15 soletas

< 4
< 3
< 2
< 1

Armar el tronco
en el molde

1 HORA
Refrigerar

Desmoldar y bañar con la gelatina
de mango-maracuyá restante

1: PLÁSTICO AUTOADHERENTE — 2: CREMA
3: GELATINA MANGO—MARACUYÁ — 4: SOLETAS

189 GRANIZADO
de limón

—

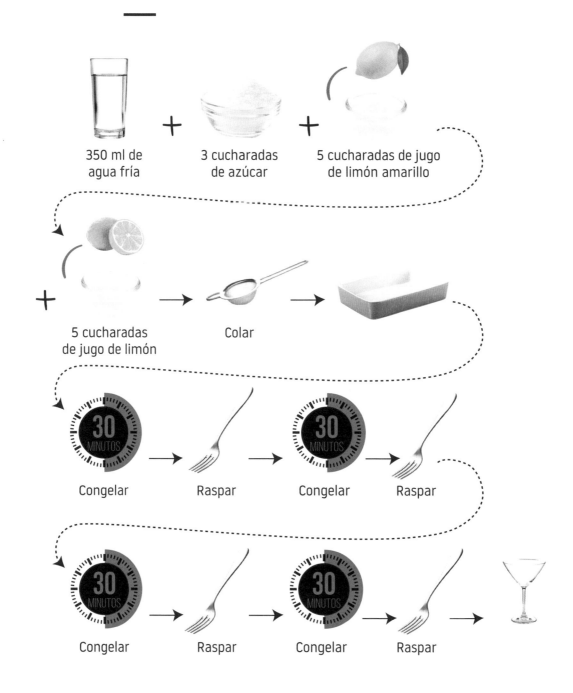

350 ml de
agua fría

+

3 cucharadas
de azúcar

+

5 cucharadas de jugo
de limón amarillo

+

5 cucharadas
de jugo de limón

Colar

Congelar

Raspar

Congelar

Raspar

Congelar

Raspar

Congelar

Raspar

Para 4 personas
Preparación: 10 min
Congelación: 2 h

190 HELADO
de moras azules
—

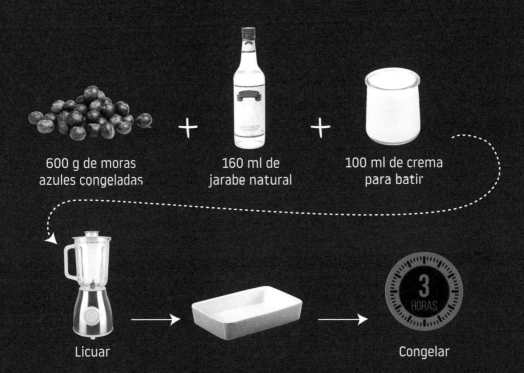

600 g de moras
azules congeladas
+
160 ml de
jarabe natural
+
100 ml de crema
para batir

Licuar

3 HORAS

Congelar

Para 4-6 personas

Preparación: 5 min

Congelación: 3 h

191 MOJITO
original

—

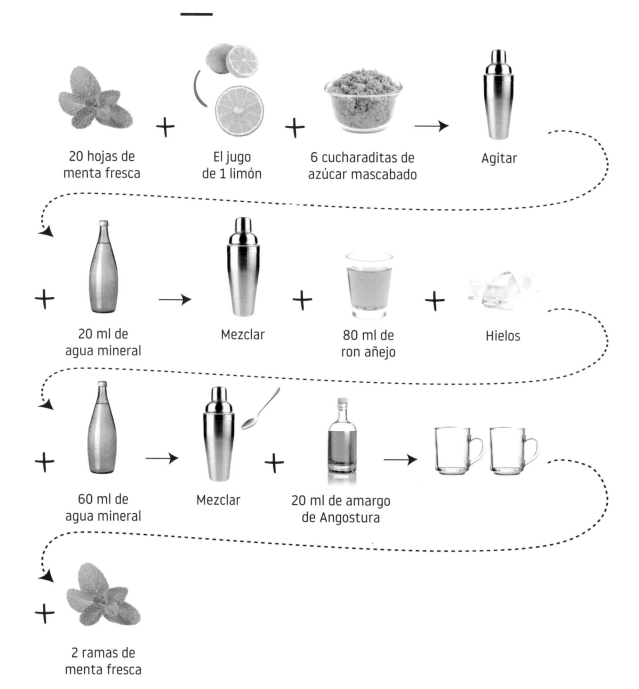

20 hojas de menta fresca + **El jugo de 1 limón** + **6 cucharaditas de azúcar mascabado** → **Agitar**

+ **20 ml de agua mineral** → **Mezclar** + **80 ml de ron añejo** + **Hielos**

+ **60 ml de agua mineral** → **Mezclar** + **20 ml de amargo de Angostura** →

+ **2 ramas de menta fresca**

Para 2 personas
Preparación: 5 min

192 PIÑA COLADA

—

30 ml de
ron añejo

20 ml de agua
de coco

30 ml de jugo
de piña

1 cucharada de
azúcar mascabado

Hielos

Agitar
enérgicamente

Hielos

2 medias
lunas de piña

193 COSMOPOLITAN
granizado

—

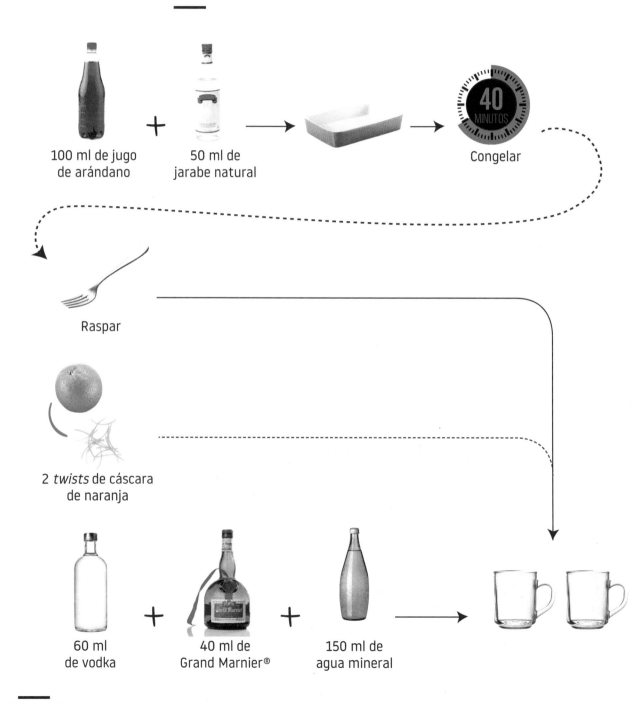

100 ml de jugo
de arándano

50 ml de
jarabe natural

40 MINUTOS

Congelar

Raspar

2 *twists* de cáscara
de naranja

60 ml
de vodka

40 ml de
Grand Marnier®

150 ml de
agua mineral

194 MOJITO GRANIZADO
con pepino

—

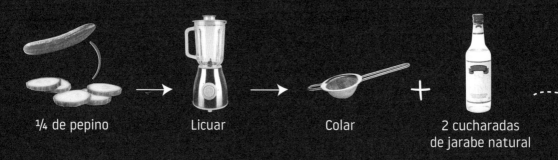

¼ de pepino → Licuar → Colar + 2 cucharadas de jarabe natural

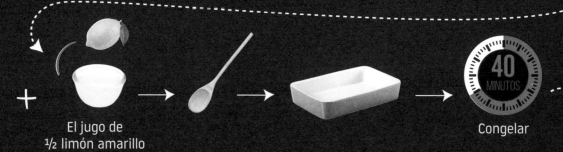

+ El jugo de ½ limón amarillo → → → Congelar

40 MINUTOS

Raspar → + 1 limón + ½ pepino

+ ½ manojo de menta + 60 ml de ron blanco + 200 ml de agua mineral

Para 4 personas
Preparación: 20 min
Congelación: 40 min

195 VINO CALIENTE
con especias

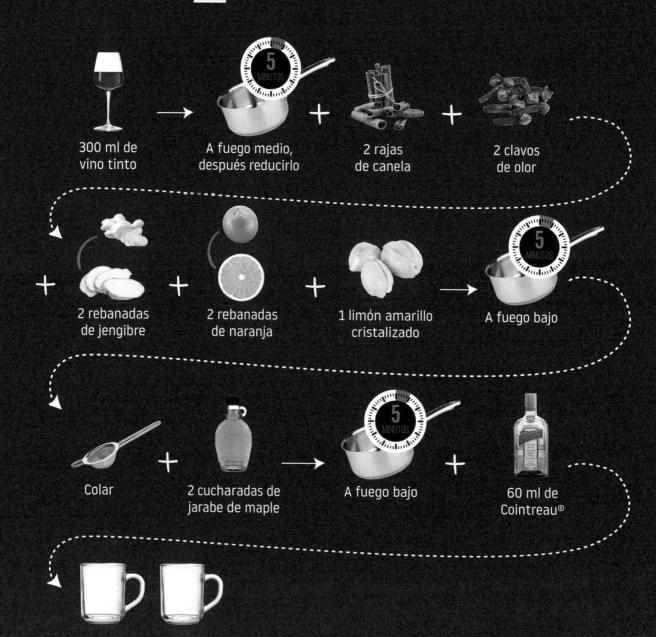

300 ml de vino tinto → A fuego medio, después reducirlo **5 MINUTOS** + 2 rajas de canela + 2 clavos de olor

+ 2 rebanadas de jengibre + 2 rebanadas de naranja + 1 limón amarillo cristalizado → A fuego bajo **5 MINUTOS**

Colar + 2 cucharadas de jarabe de maple → A fuego bajo **5 MINUTOS** + 60 ml de Cointreau®

Para 2 personas
Preparación: 5 min
Cocción: 15 min

196 CHOCOLATE
de coco espumoso

—

300 ml de leche
de coco

5
MINUTOS

A fuego bajo

+ 90 g de chocolate
oscuro

+ 1 pizca de vainilla
en polvo

+ 150 ml de agua
de coco

+ 2 cucharadas
de jarabe de agave

Licuar

Para 2 personas

Preparación: 5 min

Cocción: 5 min

197 CAFÉ LATTE

—

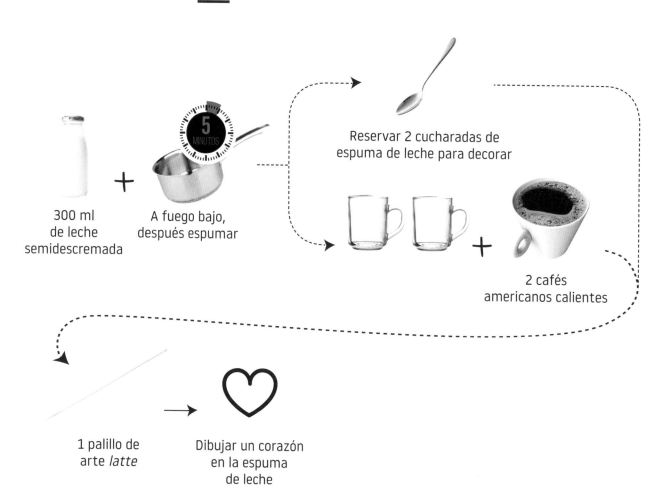

300 ml
de leche
semidescremada

+

A fuego bajo,
después espumar

5
MINUTOS

Reservar 2 cucharadas de
espuma de leche para decorar

+

2 cafés
americanos calientes

1 palillo de
arte *latte*

Dibujar un corazón
en la espuma
de leche

Para 2 personas
Preparación: 5 min
Cocción: 5 min

198 MATCHA LATTE

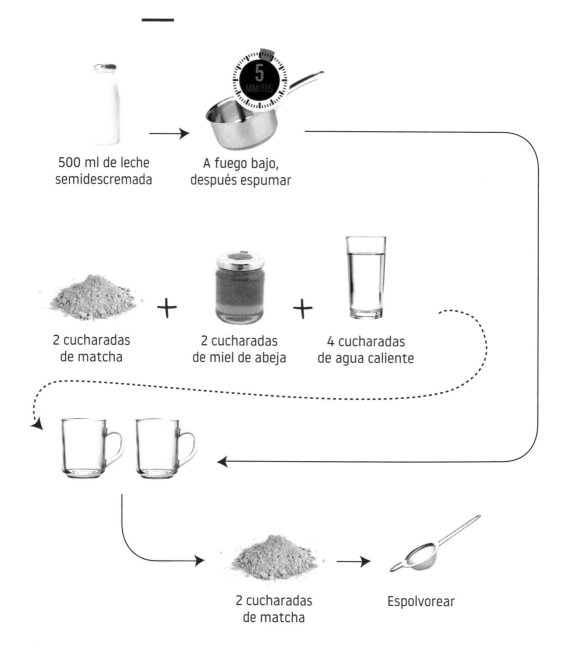

500 ml de leche
semidescremada

A fuego bajo,
después espumar

2 cucharadas
de matcha

+

2 cucharadas
de miel de abeja

+

4 cucharadas
de agua caliente

2 cucharadas
de matcha

Espolvorear

199 CAFÉ PICANTE
con tequila

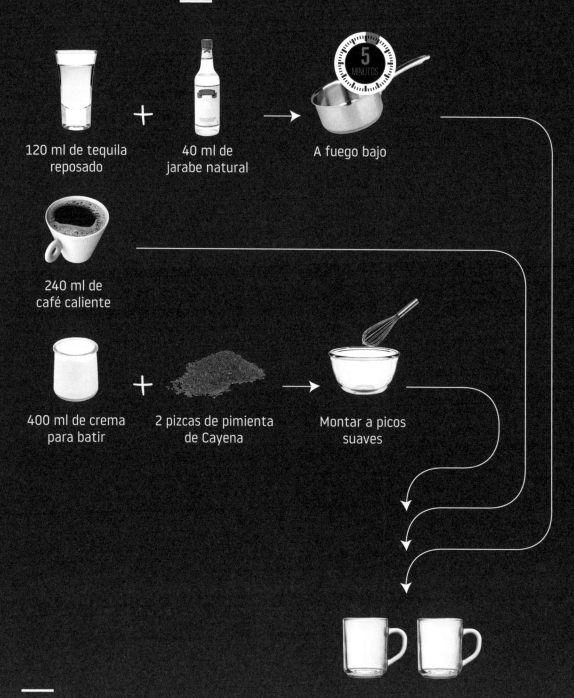

120 ml de tequila reposado

+

40 ml de jarabe natural

→

5 MINUTOS

A fuego bajo

240 ml de café caliente

400 ml de crema para batir

+

2 pizcas de pimienta de Cayena

→

Montar a picos suaves

Para 2 personas
Preparación: 10 min
Cocción: 5 min

200 CAFÉ IRLANDÉS

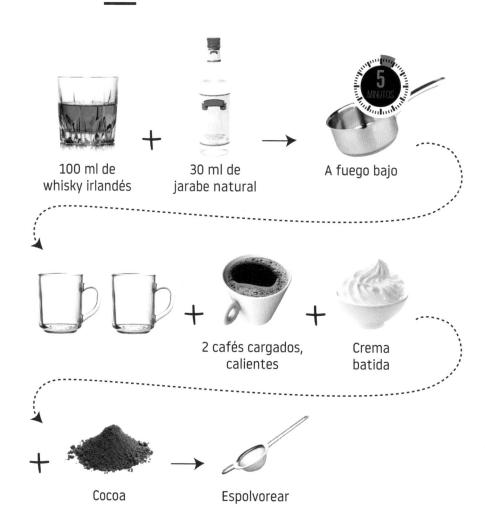

100 ml de
whisky irlandés

30 ml de
jarabe natural

A fuego bajo

5
MINUTOS

2 cafés cargados,
calientes

Crema
batida

Cocoa

Espolvorear

ÍNDICE DE RECETAS

CRÉDITOS DE RECETAS

© Larousse, Anne Loiseau: 6, 14, 18, 20, 22, 24, 26, 28, 44, 48, 72, 74, 76, 86, 110, 120, 122, 132, 146, 160, 162, 172, 178, 198, 258, 294, 308, 310, 338, 340, 342, 358, 394, 396, 404; © Larousse, Coralie Ferreira: 8, 12, 46, 54, 84, 96, 108, 118, 134, 144, 152, 192, 242, 246, 250, 280, 284, 286, 292, 298, 300, 330, 344, 346, 356, 370, 382, 384; © Larousse, Bérengère Abraham: 10, 58, 60, 62, 100, 102, 104, 112, 140, 150, 176, 182, 186, 194, 210, 216, 218, 220, 226, 230, 236, 256, 260, 266, 268, 270, 276, 312, 314, 324, 366, 374, 376; © Larousse, Mélanie Martin: 16, 50, 52, 70, 92, 98, 124, 126, 202, 208, 222, 244, 306; © Larousse, Vincent Amiel: 30, 32, 34, 272, 378, 380, 400; © Larousse, Isabelle Guerre: 36, 40, 56, 78, 80, 128, 136, 142, 228, 288, 302, 322, 336; © Larousse, Clémence Roquefort: 38, 42, 238, 274, 278; © Larousse, Audrey Cosson: 64, 106, 116, 254, 304, 332, 354, 360; © Larousse, Julie Soucail: 66, 82, 94, 130, 154, 166, 204, 206, 214, 372; © Larousse, Pauline Dubois: 68, 114, 240, 262, 264; © Larousse, Aude Royer: 88, 90, 148, 164, 170, 180, 196, 224, 232, 248, 252, 296, 320, 328, 352, 364; © Larousse, Blandine Boyer: 138, 184, 190, 200, 290, 348, 350, 368; © Larousse, Noémie Strouk: 156, 158, 168, 174, 188, 212; ©Larousse, Dorian Nieto: 234, 316; ©Larousse, Camille Depraz: 282, 318; ©Larousse, Quitterie: 326; © Larousse, DR: 334; © Larousse, Marine Durand: 362; © Larousse, Guillaume Guerbois: 386; © Larousse, Sandrine Houdré-Grégoire: 388, 398; © Larousse, Sylvie Rost: 390, 392.

CRÉDITOS FOTOGRÁFICOS

© Larousse, Emanuela Cino: 7, 15, 19, 21, 23, 45, 49, 51, 53, 71, 73, 75, 77, 87, 93, 99, 111, 121, 123, 125, 127, 163, 209, 245, 259, 295, 307, 309, 311, 339, 341, 343, 359; © Larousse, Aimery Chemin: 9, 13, 55, 85, 97, 109, 119, 135, 153, 243, 247, 251, 285, 287, 301, 331, 345, 347, 371, 385; © Larousse, Charly Deslandes: 11, 47, 145, 193, 281, 293, 299, 357, 399; © Larousse, Amandine Honneger: 17, 37, 39, 41, 43, 57, 69, 79, 83, 89, 91, 95, 113, 115, 129, 139, 149, 155, 157, 159, 161, 165, 167, 169, 171, 173, 175, 177, 179, 181, 183, 185, 187, 189, 191, 195, 197, 201, 203, 205, 207, 213, 215, 217, 223, 227, 229, 233, 239, 249, 253, 257, 263, 269, 273, 275, 277, 279, 283, 291, 297, 303, 319, 321, 325, 334, 337, 349, 351, 353, 369, 383, 387, 389, 391, 393; © Larousse, Delphine Constantini: 25, 27, 29, 133, 147, 199, 327, 379, 381, 395, 397, 401, 403, 405; © Larousse, Claire Payen: 31, 33, 35; © Larousse, Marie-José Jarry: 59, 61, 63, 101, 103, 105, 151, 211, 221, 231, 237, 261, 267, 271, 313, 315; © Larousse, Virginie Garnier: 65, 107, 117, 255, 305, 333, 355, 361; © Larousse, Fabrice Veigas: 67, 131, 363, 373; © Larousse, Aline Princet: 81, 137, 143, 241, 265, 289, 323; ©Larousse, Myriam Gauthier-Moreau: 141, 367; © Larousse, Fabrice Besse: 225, 329, 365; © Larousse, Dorian Nieto: 235, 317; © Larousse, Valérie Lhomme: 375, 377.

OTROS CRÉDITOS

© Larousse, © Shutterstock, © Thinkstock

EDICIÓN ORIGINAL
Dirección de la publicación:
Isabelle Jeuge y Maynart y Ghislaine Stora
Dirección editorial: **Émilie Franc**
Edición: **Marion Dellapina**
Diseño de interiores y portada:
Valentine Antenni
Adaptación y formación: **Émilie Laudrin**

EDICIÓN EN ESPAÑOL
Dirección editorial: **Tomás García Cerezo**
Editora responsable: **Verónica Rico Mar**
Asistencia editorial: **Mayra Pérez Cuautle
y Montserrat Estremo Paredes**
Traducción: **Ediciones Larousse, S.A. de C.V.,
con la colaboración de Mayra Pérez Cuautle**
Formación: **Visión Tipográfica Editores, S.A. de C.V./
Rossana Treviño Tobías**
Corrección de estilo: **Adolfo Tomás López Sánchez**
Adaptación de portada: **Ediciones Larousse, S.A. de C.V.,
con la colaboración de Nice Montaño Kunze**

Título original: *La cuisine sans bla bla*
ISBN: 978-2-03-595512-8
© Larousse 2018

© 2019 Ediciones Larousse, S.A. de C.V.
Renacimiento 180, Colonia San Juan Tlihuaca, Azcapotzalco, 02400, Ciudad de México, México.
ISBN 978-607-21-2095-2
Primera edición, 2019